VORWORT

W0308689

Die in diesem Buch vorliegenden Unterrichtsrezepte wurden von Herrn Dr. Ulf Borgwardt auf der Grundlage seiner in langjähriger Lehrtätigkeit erworbenen Erfahrungen zusammengestellt.

Die „Rezepte"-Sammlung enthält vielfältige Vorschläge für die Gestaltung eines abwechslungsreichen, kommunikativ orientierten Russischunterrichts in der Erwachsenenbildung sowie an allgemeinbildenden Oberschulen.

Diese in der Praxis erprobten Übungsangebote bieten den Lernern echte Kommunikationsanlässe und regen sie daher an, selbst in der Fremdsprache zu agieren. So können sie in der unmittelbaren Sprachanwendung ihr Vokabular erweitern und ihre Sprachfertigkeiten entwickeln. Bei der Auswahl der Aktivitäten wurde auf eine ausgewogene Förderung aller Fertigkeiten geachtet.

Unterschiedlichste Arbeitsformen (Einzel-, Partner- und Gruppenarbeit; Rollenspiele; Aktivitäten mit Bild- und Textmaterial; Spiele), aber auch die Berücksichtigung vieler landeskundlicher Aspekte (Geografie, Literatur, Musik, Umgangsformen) motivieren die Lerner zu einer interaktiven Auseinandersetzung mit der russischen Sprache.

Die „Rezepte"-Sammlung wird allen Lernniveaus gerecht. Nachfolgende Symbole verweisen im Inhaltsverzeichnis auf das für den Einsatz der jeweiligen Übung vorauszusetzende Lernniveau:

- ∗ bedeutet, daß die Übung innerhalb des 1.Lernjahrs eingesetzt werden kann, d.h. parallel zur ersten Hälfte des ersten Bandes eines (zweibändigen) Lehrwerks.
- ∗∗ kennzeichnen Übungen, die für das 2.Lernjahr vorgesehen sind (zweiter Teil des ersten Lehrbuchbandes);
- ∗∗∗ entsprechen dem Lernniveau des 3. und 4. Lernjahrs (zweiter Band des Lehrwerks);
- ∗∗∗∗ bezeichnen Übungen, deren Einsatz für Nachzertifikats- bzw. Konversationskurse empfohlen wird.

Bei der Angabe mehrerer Niveaus kann die Übung bereits auf dem niedrigeren Niveau eingesetzt werden, wird jedoch von fortgeschritteneren Lernern besser ausgeschöpft.

Die detaillierte Darstellung der Übungsabläufe, Beispiele sowie gebrauchsfertige Kopiervorlagen erleichtern Ihnen die Vorbereitung der vorgestellten Aktivitäten.

Die im Inhaltsverzeichnis für Material und Vorbereitung verwendeten Symbole bedeuten:

- △ keinerlei Vorbereitung ist erforderlich;
- ▲ die Vorbereitung beschränkt sich auf das Kopieren einer vorhandenen Kopiervorlage (KV) bzw. auf das Mitbringen von Schreibutensilien;
- ▲ die Vorbereitung umfaßt die Suche nach geeignetem Text- und Bildmaterial, das Mitschneiden von Radio- und Fernsehsendungen etc.

Dem Inhaltsverzeichnis können Sie ferner Hinweise bezüglich der Dauer der Übungen entnehmen. Die angegebenen Werte sind jedoch nur Richtzeiten, da Lernniveau, Anzahl und Motivation der Lerner u.a. den zeitlichen Aufwand für eine Übung wesentlich beeinflussen.

Und noch eine Anmerkung: Wenn in diesem Buch von „Lernern" bzw. „Kursteilnehmern" gesprochen wird, so sind natürlich Wißbegierige beiderlei Geschlechts gemeint. Um die Verständlichkeit der Übungsbeschreibungen nicht durch schwerfällige Formulierungen zu belasten, haben wir auf die traditionelle Bezeichnung zurückgegriffen. Wir bitten alle Leserinnen um Verständnis.

Hier nun noch einige Tips zum Einsatz der Rezepte:

- In vielen Rezepten stehen Partner- oder Gruppenaktivitäten im Vordergrund. Gehen Sie umher, beobachten Sie die Lerner und helfen Sie bei Bedarf. Versuchen Sie das Arbeitstempo in den Gruppen gleichmäßig zu halten.
- Viele schriftliche Übungen können sowohl im Unterricht durchgeführt als auch als Hausaufgabe erteilt werden.
- Entscheiden Sie in Abhängigkeit vom Lernniveau über die Nutzung von Wörterbüchern bei der Wortschatzarbeit.
- Geben Sie einen zeitlichen Rahmen für die Tätigkeiten vor. Brechen Sie Übungen ab, bevor die Aktivität der Lerner nachläßt.
- Gehen Sie bei der Korrektur von Fehlern behutsam vor. Die schöpferische Anwendung der russischen Sprache durch die Lerner sollte im Vordergrund stehen.
- Nutzen Sie das Lob zur Motivation der Lerner. Auch die Anerkennung kleiner Fortschritte oder des Bemühens, eine Aufgabe gut zu lösen, kann den Lernern neuen Ansporn geben.

Zuletzt sei noch gesagt, daß diese Rezepte zwar in gebrauchsfertiger Form vorliegen, daß Sie aber der Küchenchef sind. Würzen Sie nachBelieben, variieren Sie nach Bedarf und bereiten Sie ein Mahl, das Ihren Bedürfnissen und denen Ihrer „Gäste" entspricht. Wir wünschen Ihnen gutes Gelingen!

INHALTSVERZEICHNIS

Nr.	Niveau	Lernziele und Lerninhalte	Fertigkeiten	Zeit in Min.	Material/ Vorbereitung	Seite
17	* bis ***	Fragen beantworten; Ratschläge erteilen; Werbematerial entwerfen	Sprechen Schreiben	45-60	▲	30
18	* bis ***	Satzglieder; Aussagen und Fragen formulieren	Schreiben Sprechen	30	▲ KV	31
19	**	Anforderungen bestimmter Berufe beschreiben	Sprechen	20	▲	33
20	**	Spiel: Landeskunde; berichten	Sprechen	20	▲ KV	34
21	**	Vermutungen äußern; Vortrag erarbeiten	Sprechen Schreiben	40	△	37
22	** bis ***	Beschreibungen verstehen; Vermutungen äußern und begründen	Hören Sprechen	30-40	△	38
23	** bis ***	Zahlen; Hörverstehen; berichten	Hören Sprechen	40	▲	39
24	** bis ***	Fragen stellen; beschreiben	Sprechen	30	▲	40
25	** bis ***	Adjektive; Personen beschreiben; Fragen stellen	Sprechen	30	▲	41
26	** bis ***	Informationen einholen; begründen; Rollenspiel	Sprechen	45	▲	42
27	** bis ***	Dienstleistungsgespräche führen	Sprechen	30	▲	43
28	** bis ***	Spiel: Präpositionen; Var: Zahlen, Verben; Geschichten schreiben	Schreiben	20	▲ KV	44
29	** bis ***	Gr.: Verbalaspekte; Handlungen beschreiben	Sprechen	25	▲	46
30	** bis ***	Gr.: Imperativ; Aufforderungen und Wünsche verstehen und formulieren	Hören Sprechen	30	▲	47
31	** bis ***	Gr.: Konjunktiv; spekulieren	Sprechen Hören	30	▲	48
32	** bis ***	Landeskunde; Kartengruß schreiben	Sprechen Schreiben	20	▲ KV	49
33	** bis ***	Fragen stellen; Notizen anfertigen	Sprechen Schreiben	15	△	51
34	**bis ***	Landeskunde; Fragen stellen; Quiz	Sprechen Lesen	40	▲	52

Nr.	Niveau	Lernziele und Lerninhalte	Fertigkeiten	Zeit in Min.	Material/ Vorbereitung	Seite
35	** bis ***	Vermutungen äußern, begründen, diskutieren	Sprechen	20	▲ KV	53
36	** bis ***	Gr.: Komparativ der Adjektive; Beschreibungen verstehen und erstellen	Hören Sprechen	30	▲	55
37	** bis ***	Hörverstehen, Textrekonstruktion	Hören Schreiben	20	▲	56
38	** bis ***	Gr.: lokale Präpositionen; beschreiben, begründen, vergleichen, diskutieren	Hören Sprechen	20	▲	57
39	** bis ***	Wortschatz: Wohnen; beschreiben, diskutieren	Hören Sprechen	20	▲	58
40	** bis ***	Landeskunde, Hörverstehen; berichten	Hören Sprechen	20-40	▲ KV	59
41	** bis ***	Hörverstehen; Bilder beschreiben	Hören Sprechen	30	▲	61
42	** bis ***	Termine aushandeln	Sprechen	20	▲ KV	62
43	** bis ***	Fragen stellen und beantworten; Urlaubsgrüße schreiben; Rollenspiel	Sprechen Schreiben	40	▲	63
44	** bis ***	Auskünfte einholen und geben	Sprechen	20	▲	64
45	** bis ***	Scherzfragen und Antworten einander zuordnen	———	10	▲ KV	65
46	** bis ***	Anekdoten und Witze lesen; Textschluß schreiben und und diskutieren	Lesen Schreiben Sprechen	20	▲	67
47	** bis ***	Märchen lesen, modernisieren, dramatisieren	Lesen Schreiben Sprechen	60-90	▲	68
48	** bis ***	Brief rekonstruieren und beantworten	Lesen Schreiben	30	▲	69
49	** bis ***	Quiz zur Landeskunde; Fakten zusammenfassen	Lesen Sprechen	30	▲ KV	70
50	** bis ***	Beschreiben; Textrekonstruktion; Rollenspiel	Sprechen	40	▲ KV	72
51	** bis ***	Bilder beschreiben; Dialoge gestalten; Geschichte erzählen	Sprechen	40-60	▲ KV	75
52	** bis ***	Personen beschreiben; Vermutungen äußern und begründen	Sprechen	20	△	77

Nr.	Niveau	Lernziele und Lerninhalte	Fertigkeiten	Zeit in Min.	Material/ Vorbereitung	Seite
53	** bis ***	Personalpronomen; Fragen stellen und beantworten	Sprechen Hören	25-40	▲	**78**
54	***	Wortschatz: Sport; Meinungen äußern und diskutieren	Schreiben Sprechen	40	▲ KV	**79**
55	***	Landeskunde; Begriffe umschreiben	Sprechen	20-40	▲ KV	**81**
56	***	Spiel: Wortbildungsregeln und - mittel	Sprechen Schreiben	40	▲ KV	**83**
57	***	Leseverstehen; Gedanken austauschen	Lesen Sprechen	20	▲ KV	**85**
58	***	Hörverstehen; Gespräche führen	Hören Sprechen	30	▲	**87**
59	***	Sprichwörter lesen, verstehen und interpretieren	Lesen Sprechen	20	▲ KV	**88**
60	***	Detailaussagen verstehen; über Städte sprechen	Hören Sprechen	50-60	▲	**90**
61	***	„нужно“ und „надо“; Details verstehen; Gespräche führen	Lesen Sprechen	2 x 45	▲ KV	**91**
62	***	Reiseprospekte lesen; Informationen einholen und geben	Lesen Sprechen	40	▲	**93**
63	***	Vorschläge machen und begründen	Sprechen	30	▲	**94**
64	***	Personen beschreiben	Sprechen Schreiben	20	▲ KV	**95**
65	***	Gegenstände beschreiben; Fragen stellen und beantworten	Sprechen	30	△	**97**
66	***	Knobelaufgaben lösen	Lesen Sprechen	15	▲ KV	**98**
67	***	Landeskunde; Informationen einholen und erteilen	Sprechen Lesen	45-60	▲ KV	**100**
68	***	Landestypische Umgangsformen	Sprechen Lesen	15	▲ KV	**102**
69	***	Überschriften rekonstruieren; Artikel verfassen	Lesen Schreiben	30	▲	**104**
70	***	Urlaubsgrüße lesen und beantworten; Vermutungen äußern	Lesen Schreiben Sprechen	30	▲	**105**
71	***	Gr.: Konjunktiv; Ratschläge geben	Sprechen	30	▲	**106**
72	***	Leserzuschriften lesen und beantworten; Probleme diskutieren	Lesen Sprechen Schreiben	45	▲	**107**

1

NIVEAU: ∗ bis ∗∗

LERNZIELE: Grund- oder Ordnungszahlen, Gespräche führen

MATERIAL: Overheadprojektor und Folie, Tipscheine, Kassette

UNTERRICHTSVERLAUF:

1. Teilen Sie der Gruppe mit, *welche* Grund- oder Ordnungszahlwörter geübt werden. Es sollten bei 9 Spielfeldern nicht mehr als 12 und bei 16 Spielfeldern nicht mehr als 20 sein. Wählen Sie vornehmlich solche, die häufig verwechselt werden. Schreiben Sie die Ziffern an die Tafel, oder bieten Sie sie auf Folie mit einem Overheadprojektor dar.

2. Die Lernenden zeichnen ein Quadrat, das in 9 oder 16 gleich große Felder unterteilt ist. Anschließend wählen sie 9 bzw. 16 der vorher wiederholten Zahlen aus und tragen sie in beliebiger Anordnung in die Felder des Quadrats ein.

3. Tragen Sie nun die zu übenden Grund- bzw. Ordnungszahlwörter in beliebiger Reihenfolge vor, z.B. 15, 5, 50 usw. Wenn alle zu übenden Zahlen im Raum bis 20 liegen, können Sie sie auch als Temperaturangaben aus einem Wetterbericht darbieten: Сегодня в Москве утром + 5°C и вечером + 8°C usw. Für Zahlen bis 120 bietet es sich an, die Ergebnisse von Basketballspielen zu verlesen: Германия : Италия 87: 79 usw.

Die Lernenden streichen diejenigen Ziffern aus, die auf ihren Spielfeldern stehen. Wer zuerst eine ganze Waagerechte, Senkrechte oder Diagonale ausgestrichen hat, ruft „Bingo“ und wiederholt die betreffenden drei bzw. vier Zahlwörter in auf- oder absteigender Reihenfolge.

70	60	5
8	15	17
50	16	80

VARIANTE:

1. Jeweils mehrere Lernende bilden eine Tippgemeinschaft. Jede Gruppe erhält drei Tipscheine. Man einigt sich innerhalb der Gruppen darauf, welche Zahlen angekreuzt werden. Die Vorschläge können kurz begründet werden.

2. Der „Nachrichtensprecher“ (Kursleiter) gibt im „Radio“ (Kassettenrekorder) die Gewinnzahlen bekannt: А это сегодняшние выигравшие номера в игре-конкурсе 6 из 49: ... Die gezogenen Zahlen werden in den Gruppen lebhaft kommentiert. Man freut sich über jede richtige Zahl und hadert mit dem Ziehungsergebnis, wenn Zahlen nur knapp verfehlt worden sind, z.B. Уже два правильных номера! Успокойтесь! Не волнуйтесь! Совсем рядом! Не сердитесь! Вы несправедливы. Хватит! Оставьте свои шутки! ...

2

NIVEAU: ✶ bis ✶✶

LERNZIELE: verstehendes Hören, Kaufgespräche führen

MATERIAL: Preisschilder und Warenangebotslisten ohne Preisangaben, Fotos von russischen Bauernmärkten, Kärtchen mit Obst- und Gemüsenamen

VORBEREITUNG:

Schreiben Sie auf jedes leere Preisschild eine jeweils unterschiedliche Preisangabe mit den zu übenden Einern, Zehnern bzw. Hundertern sowie alle diese Preisangaben außerdem an die Tafel. Mischen Sie die beschrifteten Preisschilder, und verteilen Sie sie an die Kursteilnehmer.

UNTERRICHTSVERLAUF:

1. Stimmen Sie die Kursteilnehmer mit einigen Fotos auf den Besuch eines russischen Bauernmarktes ein.

2. Teilen Sie die Kursteilnehmer in je eine Gruppe von Obst- und Gemüsehändlern und von Touristen ein. Händigen Sie allen Händlern und Kunden eine Liste mit dem aktuellen Obst- und Gemüseangebot ohne Preise aus, und informieren Sie über die gültigen staatlichen Festpreise, z.B. Килограмм/штука ... стоит ... рублей. Diese werden hinter die entsprechenden Waren geschrieben.

3. Die Händler verändern anschließend jeweils individuell einen Teil der staatlichen Festpreise auf ihrer Liste nach oben oder auch mal nach unten und bauen ihre „Stände“ mit dem „Waren- und Preisangebot“ (Kärtchen) auf dem Bauernmarkt auf.

In dieser Zeit können sich die Touristengruppen auf bestimmte Obst- und Gemüseangebote sowie Preisunterschiede aufmerksam machen, z.B. Смотрите, там продают .... Здесь есть ... за ... рублей, а там килограмм ... стоит ...

5. Die Touristen vergleichen Preise und Qualität der Angebote bei verschiedenen Händlern und versuchen bei ihren Einkäufen einen möglichst niedrigen Preis auszuhandeln. Einige Wortschatzhilfen:

Яблоки вкусны? Можно попробовать ...? Почём ...? Сколько стоит/стоят...? Это для меня слишком дорого. Есть ли у вас ... подешевле? За ... я это не возьму. Ваш/а сосед/ка продаёт ... дешевле. Мои ... вкуснее/ лучше.

3

NIVEAU: ✶ bis ✶✶

LERNZIELE: Telegrammtexte verstehen, Telefongespräch führen, Brief verfassen

MATERIAL: Telegrammformulare mit Texten, Brieftexte, Spieltelefone

VORBEREITUNG:

1. Kopieren Sie das Telegrammformular auf S. 12 mehrfach, und ergänzen Sie es durch geeignete Texte (Beispiele S. 11).
2. Bitten Sie die Kursteilnehmer, einen russischen Brief mitzubringen, oder beziehen Sie einen kürzlich gemeinsam gelesenen Brief ein.

UNTERRICHTSVERLAUF:

Erste Unterrichtsstunde

1. Verteilen Sie an jede Gruppe (3-4 Personen) die von Ihnen vorbereiteten Telegramme und ggf. die Kopie eines Briefes. Lassen Sie die Texte lesen und miteinander vergleichen. Arbeiten Sie mit den Kursteilnehmern den Unterschied zwischen Brief- und Telegrammtexten heraus.

2. Regen Sie die Kursteilnehmer an, in arbeitsteiliger Gruppenarbeit die plötzliche Krankheit oder den Verkehrsunfall eines Verwandten, einen Todesfall in der Familie, ihre kurzfristige Ankunft und andere eilige Informationen telegrafisch zu übermitteln. Die Textentwürfe werden in der Gruppe erarbeitet, ausgetauscht, gegenseitig kontrolliert, ggf. korrigiert und überarbeitet, die jeweils gelungensten vorgelesen.

3. Fordern Sie die Absender der Telegramme dazu auf, deren Inhalt in einem ausführlichen Brief näher zu erläutern. Dazu sollte in den Gruppen nach gemeinsamer Entwicklung eines Schreibplans der Brief arbeitsteilig entworfen, gemeinsam besprochen und in die Endfassung gebracht werden.

Zweite Unterrichtsstunde

4. Sammeln Sie die Briefe ein, sehen Sie sie durch, korrigieren Sie die Fehler und reichen Sie die Briefe unter den Kursteilnehmern herum. Währenddessen führen immer zwei Kursteilnehmer, Empfänger und Absender jeweils eines Telegramms, nach kurzer Vorbereitung paarweise ein Telefongespräch.

5. Die Gruppen beantworten von ihnen nicht verfaßte Telegramme und Briefe.

1. МАМА В БОЛЬНИЦЕ СРОЧНО ПРИЕЗЖАЙ ЖДУ – ПАПА
2. ДЕДУШКА ПРИ СМЕРТИ СРОЧНО ПРИЕЗЖАЙ – БАБУШКА
3. ДТП* ОЛЕЙ СООБЩИ О ПРИБЫТИИ – КОЛЯ
4. ПРИЕДУ ВОСКРЕСЕНЬЕ 13 ЧАСОВ ПОЕЗДОМ МОСКВА-ПЕТЕРБУРГ – РЕГИНА
5. ПРИЛЕЧУ ВТОРНИК 17.20 Ч. РЕЙСОМ 262 АЭРОПОРТУ ШЕРЕМЕТЬЕВО – ВОЛКОВ

* ДТП - дорожно-транспортное происшествие (Verkehrsunfall)

МЕЖДУНАРОДНАЯ
ТЕЛЕГРАММА

Министерство связи РФ

Слов	Плата	№	ПЕРЕДАЧА:
	руб.	Место подачи и страна ____________ (в именительном падеже)	___го ___час ___мин
Итого			№ связи ____________ Передал ____________
Принял		___ сл. ___го ___час. ___мин.	Служебные отметки

Категория и отметки особого вида ____________

Фамилия адресата ____________

Адрес ____________

Город, страна ____________

Фамилия и адрес отправителя не оплачивается
и по связям не передается

© Ernst Klett Verlag für Wissen und Bildung GmbH, Stuttgart 1996. Alle Rechte vorbehalten. (Vervielfältigung zum Unterrichtsgebrauch gestattet)

4

NIVEAU: ✶ bis ✶✶✶

LERNZIELE: Wortschatzwiederholung, Konjunktiv, Gespräche führen, Meinungen äußern

MATERIAL: Tafel, Fotos von Zimmereinrichtungen

UNTERRICHTSVERLAUF:

1. Es werden zwei Gruppen gebildet. Beide Gruppen stehen sich als Aufgabensteller bzw. als Ratende gegenüber. Die eine Gruppe einigt sich auf ein kurzes Wort, das von der anderen Gruppe zu erraten ist. Dieses Wort sollte nicht mehr als vier oder fünf Buchstaben haben, und jeder Buchstabe sollte nur einmal in dem Wort vorkommen. Es kann auf einen Zettel oder an die verdeckte Tafelseite geschrieben werden.

2. Die eine Gruppe soll die Bezeichnung für ein Möbelstück erraten. Ihr werden zunächst mehrere Wörter genannt, in denen der Anfangsbuchstabe enthalten ist. Diese Wörter sollten möglichst auch Möbel bezeichnen, z.B. Первая буква спрятана в слове ”кресло“/”стул“/”стол“/”часы“. Das Rateteam darf sich die Wörter notieren. Sobald es glaubt, den Anfangsbuchstaben erkannt zu haben, wendet es sich an die andere Gruppe: Назовите слова со второй буквой в отгадываемом слове. Wieder werden entsprechende Wortbeispiele genannt: Вторая буква спрятана в слове ”стенка“/”тахта“/”телевизор“/”компьютер“. Третья буква спрятана в слове ”полка“/”телефон“/”гардероб“. Четвёртая буква спрятана в слове ”мебель“/”лампа“. Das gesuchte Wortbeispiel lautet стол.

3. Nachdem ein Wort ermittelt worden ist, tauschen beide Gruppen ihre Rollen und erraten zu dem jeweiligen Sachgebiet das nächste Wort.

4. Die Lernenden bringen Dias oder Fotos eigener Zimmereinrichtungen mit, erläutern, wo sich welche Möbel befinden. Auf Wunsch der Kursteilnehmer können an der Tafel Wortschatzhilfen gegeben werden.

5. Die Lernenden bilden Vierergruppen. Sie erhalten Wohnungs- oder Zimmergrundrisse. Ihre Aufgabe ist es, die Zimmer einzurichten. Sie schreiben die zuvor geübten Möbelbezeichnungen in die Grundrisse. Danach tauschen immer zwei dicht beieinander sitzende Gruppen ihre Pläne aus, sehen sich diese gründlich an und äußern sich darüber zunächst in der Gruppe. Sie können auch darüber beraten, was sie verändern würden. Abschließend tauschen beide Nachbargruppen ihre Meinungen über die Zimmereinrichtungen aus und diskutieren über Vor- und Nachteile.

5

NIVEAU: ✶ bis ✶✶✶

LERNZIELE: Wörter wiedererkennen, Gespräche führen

MATERIAL: Arbeitsblatt mit Wortschlangen, Wörterbuch, Urlaubsfotos

UNTERRICHTSVERLAUF:

1. Es werden kleine Lernergruppen gebildet. Diese erhalten zu einem Thema oder Sachgebiet je einen Papierstreifen mit einer Wortschlange. Die Wortschlangen, die sich möglichst voneinander unterscheiden sollten, bestehen aus verschiedenen Wörtern, deren letzter Buchstabe gleichzeitig der erste des folgenden Wortes ist. Die darin enthaltenen Wörter werden von den Lernenden herausgeschrieben und linear oder kreisförmig als Gliederung für einen Erlebnisbericht angeordnet.

2. Die Lernenden erhalten nun die Aufgabe, eine Kurzgeschichte über den Urlaub zu schreiben. Einzige Bedingung: In der Geschichte müssen wenigstens zehn Wörter aus der Wortschlange vorkommen.

3. Die Lernenden jeweils einer Gruppe tauschen die Geschichten untereinander aus, lesen sie still, korrigieren festgestellte Fehler, machen Formulierungsvorschläge und geben die Geschichte an den jeweiligen Autor zurück.

4. Die Autoren überarbeiten ihre Geschichten. Sie ziehen in Zweifelsfällen den Kursleiter hinzu.

5. Autoren, die es wünschen, dürfen ihre Geschichte vorlesen. Den Zuhörern ist es gestattet, Ergänzungsfragen zu stellen.

6. Abschließend erhalten die Lernenden in Gruppen Gelegenheit, den anderen Lernenden eigene Urlaubsfotos zu zeigen, diese kurz zu erläutern und auf Fragen zu den Fotos zu antworten.

Hier einige Beispiele für Wortschlangen zum Thema „Urlaub":

1.

Аэровокзалуфтханзаэропортаксисточникемпингротурбазавгустеплокеаномерюкзаканалодка.

2.

Турпоходолинатласевересторанебозеротдыхолодорогагенствостровостокомпасоклиматеннисад.

6

NIVEAU: ✶ bis ✶✶✶

LERNZIELE: Wortschatzsystematisierung, Fragen stellen und beantworten, Textproduktion

MATERIAL: Folie mit umschriebenen Verwandtschaftsbezeichnungen, Familienstammbaum, Familienfotos.

VORBEREITUNG:

Bitten Sie die Lernenden, zu Hause, möglichst auf Folie, einen Familienstammbaum mit den Namen der Vorfahren und Verwandten vorzubereiten und Familienfotos mitzubringen.

Übertragen Sie die unten stehende Tabelle auf eine Folie oder an die Tafel bzw. kopieren Sie sie.

UNTERRICHTSVERLAUF:

1. Lassen Sie die Lernenden den umschriebenen Verwandtschaftsbezeichnungen die konkreten hinzufügen und diese durch die fehlenden Partnerwörter ergänzen.

2. Teilen Sie die Lernenden in kleine Gruppen (3-5 Lerner) ein, und bitten Sie sie anhand ihres Familienstammbaums über ihre Vorfahren und Verwandten zu sprechen.

3. Die Lernenden zeigen sich nun gegenseitig Familienfotos und stellen einander Fragen zu den abgebildeten Personen.

4. Lassen Sie die Kursteilnehmer für eine beliebige Person auf ihrem Familienfoto eine Kontaktanzeige entwerfen und diese vortragen. Die Zuhörer sollen erraten, auf wen sich die Kontaktanzeige bezieht.

	он	она
1. мама моей бабушки		
2. папа моей мамы		
3. сестра моего папы		
4. дочь моего дедушки		
5. сын моего папы (не я)		
6. сын моего дяди		
7. сын моих детей		
8. женатый мужчина		

7

NIVEAU: ✶ bis ✶✶✶

LERNZIELE: Wortschatzwiederholung, Fragen stellen und beantworten, Gespräche führen, diskutieren

MATERIAL: Arbeitsblatt mit Buchstabenfeld, Tabelle und Plan eines Zoos

VORBEREITUNG:

Kopieren Sie die Arbeitsblätter auf S. 17 und 18.

UNTERRICHTSVERLAUF:

1. Lassen Sie die Lernenden die imBuchstabenfeld versteckten Tiernamen herausschreiben und in die Tabelle einordnen. Gemeinsam kann die Tabelle durch weitere Tiernamen ergänzt werden.

2. Bitten Sie die Kursteilnehmer, die Namen der dargestellten Tiere in den Zooplan einzutragen.

3. Bilden Sie zwei Gruppen: Das Zoopersonal beantwortet mit Hilfe des Zooplanes Fragen der Zoobesucher nach dem Tierbestand, der Lage der Gehege, der Heimat, den Lebensgewohnheiten und der Pflege der Tiere, z.B. В зоопарке есть ...? Сколько ... есть в зоопарке? Где в зоопарке можно осмотреть ...? В каких странах живут ...? Что/сколько раз/когда вы кормите ...? Можно кормить ...?

4. Regen Sie die Lerner an, paarweise zu arbeiten: Der eine plant einen Zoobesuch, der andere will ins Kino. Jeder versucht, mit möglichst überzeugenden Argumenten den anderen von dessen Vorhaben abzubringen und für das eigene Vorhaben zu gewinnen.

5. Teilen Sie die Lerner in Kleingruppen (3 - 4 Teilnehmer), und lassen Sie sie mit Hilfe des Zooplanes über einen Zoobesuch berichten.

6. Bitten Sie die Lernergruppen, diesen Zoo mit ihnen bekannten Zoos zu vergleichen und hervorzuheben, was ihnen gefällt, nicht gefällt, welche Veränderungen und Erweiterungen sie sich wünschen, welcher Zoo einen Besuch lohnt usw.

7. Je nach Niveaustufe kann sich nun eine Gesprächsrunde anschließen, in der sich Befürworter und Gegner mit der Tierhaltung in Zoos, mit Tierdressuren im Zirkus, mit medizinischen Experimenten an Tieren oder mit dem Sammeln von Jagdtrophäen auseinandersetzen. Dem kann eine Vorbereitungsphase vorausgehen, in der die Befürworter und Gegner in arbeitsteiliger Gruppenarbeit mit Hilfe des Kursleiters einen Redeplan entwerfen, dazu Wendungen zusammentragen oder aus Lesetexten zusätzliche Argumente zu gewinnen suchen.

Lösung des Buchstabenfelds:

белка, волк, жираф, зебра, кит, лев, медведь, носорог, осёл, слон, тигр (waagerecht);

бегемот, верблюд, заяц, крокодил, кролик, леопард, лиса, обезьяна, утка (senkrecht)

з	е	б	р	а	б	е	л	к	а
а	л	е	в	с	у	л	ю	к	ц
я	в	о	л	к	т	и	г	р	л
ц	е	б	и	р	к	с	т	о	е
к	р	е	с	о	а	т	р	б	о
р	б	г	а	к	у	л	а	е	п
о	л	е	в	о	с	ё	л	з	а
л	ю	м	е	д	в	е	д	ь	р
и	д	о	ж	и	р	а	ф	я	д
к	и	т	с	л	о	н	о	н	ё
н	о	с	о	р	о	г	б	а	ж

звери	**домашние животные**

© Ernst Klett Verlag für Wissen und Bildung GmbH, Stuttgart 1996. Alle Rechte vorbehalten. (Vervielfältigung zum Unterrichtsgebrauch gestattet)

© Ernst Klett Verlag für Wissen und Bildung GmbH, Stuttgart 1996. Alle Rechte vorbehalten. (Vervielfältigung zum Unterrichtsgebrauch gestattet)

8

NIVEAU: ✶ bis ✶✶✶

LERNZIELE: Wortschatzwiederholung, Meinungen austauschen, Wegbeschreibungen verstehen und geben

MATERIAL: Arbeitsblatt mit Wortverschlüsselungen und einer Wegeskizze, Folie mit der Wegeskizze, Stadtpläne

UNTERRICHTSVERLAUF:

1. Lassen Sie die Lernenden als vorbereitende Übung für Anwendungshandlungen aus alphabetisch angeordneten Buchstabenreihen Wörter zum Sachgebiet „Stadt“ erraten, aufschreiben und vorlesen, z.B. икно (= кино), аертт (= театр), езйму (= музей), акпр (= парк), векорць (= церковь), екопрсть (= крепость), адиност (= стадион), азлопрст (= спортзал), азкоопр (= зоопарк), аоптч (= почта), аклош (=школа), авгеимнру (= универмаг), авдзо (= завод).

2. Fordern Sie die Kursteilnehmer auf, in Paaren nach dem Weg vom Bahnhof zum Stadion (oder zu einem anderen Ziel) zu fragen. Regen Sie sie dazu an, den Weg entsprechend der gegebenen Beschreibung in die Lageskizze, die nur die Straßennamen enthält, einzuzeichnen, auf der Lageskizze (Folie) zu zeigen und dabei die Wegbeschreibung mit eigenen Worten zu wiederholen.

3. Es gibt noch einen kürzeren als den beschriebenen Weg vom Bahnhof zum Stadion oder zu einem anderen Ziel. Lassen Sie die Kursteilnehmer in Gruppenarbeit diesen Weg ausfindig machen und mit Hilfe der Wegeskizze beschreiben.

4. Die Kursteilnehmer haben sich auf dem Weg zum Stadion bzw. auf dem Rückweg zum Bahnhof verlaufen. Fordern Sie sie auf, sich bei einem Passanten (andere Gruppe) nach der günstigsten Verkehrsmöglichkeit zu erkundigen. Die Gruppen stellen ihre Fragen abwechselnd, berichten dann nacheinander, wie sie an ihr Ziel gelangt sind, und diskutieren schließlich mit dem Kursleiter über die günstigste Variante.

VARIANTE:

Regen Sie die Kursteilnehmer dazu an, russische Gäste zu sich nach Hause einzuladen. Jeder erhält die Aufgabe, den Weg dorthin von der Unterkunft der Gäste aus

a) zu Fuß und
b) mit öffentlichen Verkehrsmitteln zu beschreiben.

Die Zuhörer zeigen den Weg auf ihren Stadtplänen.

9

NIVEAU: ✶ bis ✶✶✶

LERNZIELE: Wortschatzsystematisierung, Gespräche führen, Textproduktion

MATERIAL: Arbeitsblatt mit Wortsilben und Wendungen (S. 21), ggf. Videoaufzeichnungen, Abbildungen aus Modezeitschriften, Requisiten für eine Modenschau

UNTERRICHTSVERLAUF:

1. Fordern Sie die Kursteilnehmer in Vorbereitung auf die Behandlung des Themas „Mode" auf, in Gruppenarbeit aus den mosaikartig angeordneten Silben auf ihrem Arbeitsblatt (1.) möglichst viele Wörter zusammenzusetzen, die Kleidungs- und Schmuckstücke bezeichnen.

2. Regen Sie eine Unterhaltung darüber an, was die Beteiligten besonders gern tragen, was ihnen steht und was nicht, welches Kleidungsstück zu welchem, welche Farbe zu welcher paßt bzw. nicht paßt usw. Für ein solches Gespräch können die Lerner die Wendungen auf ihrem Arbeitsblatt (2.) nutzen.

3. Die Kursteilnehmer machen sich gegenseitig Komplimente zu ihrer Bekleidung und reagieren darauf. Auch für diese Übung werden Wendungen auf dem Arbeitsblatt (3.) bereitgestellt.

4. Bitten Sie die Kursteilnehmer zu folgenden Ansichten um ihre Meinung:

1. В театр можно ходить в джинсах.
2. Сандалеты не подходят к костюму.
3. Красный цвет хорошо подходит к оранжевому.
4. Только старому человеку идёт чёрный цвет.

5. Machen Sie den Kursteilnehmern den Vorschlag, für russische Gäste eine Modenschau vorzubereiten und zu moderieren. Wenn sie auf den Vorschlag eingehen, lassen Sie sie die Ansage auf dem Arbeitsblatt (4.) übersetzen und dann den vorgeführten Modellen entsprechend variieren.

6. Die Kursteilnehmer erarbeiten sich in kleinen Gruppen die zu ihren Modellen passenden Texte. Dabei entwirft jeder zunächst seinen Text. Der Moderator überträgt die Texte in die er- bzw. sie-Form, ergänzt die für seine Ansage notwendigen Sätze und kürzt sie zu einem Wortgerüst. Abschließender Höhepunkt ist die Modenschau.

VARIANTE:

Zeigen Sie den Kursteilnehmern verschiedene Modelle aus den 80er und 90er Jahren und diskutieren Sie mit ihnen folgende Fragen: Чем отличается мода 90-х годов от моды 80-х годов? Всё красивое модно? Всё модное красиво?

Lösung zu 1:

бикини, блузка, ботинки, браслет, брюки, джинсы, клипсы, колготки, куртка, майка, пальто, перчатки, рубашка, сапоги, туфли, чулки, шапка, юбка.

1.

ки сы ка

юб ги са джин

блуз ли май брю би

курт тин ру чул кол шап клип

лет паль бо по туф гот

ни то пер баш

чат бу брас

2. Я (очень/не) люблю носить ... Эта/о/от/и... мне (очень/не) нравится/нравятся. В (куда-н.) я (только/ всегда/часто/не) хожу в (чём-н.). ... (так/хорошо/не) подходит к ... . (кому-н.) (очень/не/не совсем) идёт. (Кому-н.) (очень/не) к лицу ... .

3. У вас хороший вкус. Как вы модно отдеты! Вы одеваетесь с таким вкусом! Какая вы сегодня красивая! Вам идёт/к лицу этот цвет/этот костюм. Какое у вас красивое платье! - Спасибо (за комплимент). Это только комплимент. Я рад/а, что вам нравится.

4. Вот, смотрите, это Кармен. Она демонстрирует вам красивую юбку. Цвет модный и фасон по последней моде. Эта белая блузка из хлопчатобумажной ткани. Она Кармен замечательно идёт и хорошо подходит к синей юбке. Посмотрите и на красивый шарф. Вы можете купить эту элегантную модель за 99 марок 90 пфеннигов. Спасибо тебе, Кармен.

© Ernst Klett Verlag für Wissen und Bildung GmbH, Stuttgart 1996. Alle Rechte vorbehalten. (Vervielfältigung zum Unterrichtsgebrauch gestattet)

10

NIVEAU: ✶ bis ✶✶✶

LERNZIELE: Wortschatzwiederholung, Berufsbezeichnungen erraten, Gespräche führen

MATERIAL: Arbeitsblatt mit Wortverschlüsselungen, Folie mit Stellenangeboten (vgl. S. 124)

UNTERRICHTSVERLAUF:

1. Verschlüsseln Sie die zu übenden Berufsbezeichnungen, und lassen Sie die Lernenden die gesuchten Begriffe mit Hilfe des entschlüsselten Wortes und der gegebenen Ziffern erschließen.

2. Die Lernenden fertigen jeweils paarweise zwei Rollenkarten zu einem der entschlüsselten Berufe an, indem sie Charakteristika der Berufe notieren.

3. Die Rollenkarten werden anschließend innerhalb von Kleingruppen (5-6 Lerner) neu verteilt. Jeder Kursteilnehmer identifiziert sich mit dem Beruf auf seiner Rollenkarte und veranschaulicht mit nichtsprachlichen Mitteln seinen Beruf. Immer zwei üben den gleichen Beruf aus. Die „Berufskollegen" nehmen zueinander Kontakt auf und vergewissern sich, ob ihre Vermutung richtig war, z.B. Извините, вы тоже аптекарь? Да, вы правы, я тоже аптекарь. Очень рад видеть коллегу. .../Нет, вы ошибаетесь, я не ...

4. Die „Berufskollegen" setzen sich nebeneinander und unterhalten sich über ihren Beruf, z.B. Сколько лет вы уже работаете ...? Вы любите свою профессию? Что вам (не) нравится в этой профессии? Это трудная профессия? Сколько вы зарабатываете? ...

5. Informieren Sie über mehrere Stellenangebote, und lassen Sie die Kursteilnehmer sich in gruppenteiliger Arbeit darauf schriftlich bewerben.

6. Aus jeder Gruppe wird ein Bewerber zum Vorstellungsgespräch eingeladen, der sich vorstellt, sein Stellengesuch erläutert, begründet und sich den Fragen einer Kommission (übrige Kursteilnehmer) stellt.

7. Lassen Sie die Lernenden über folgende Meinungen diskutieren:

- Самое главное в выборе профессии - это зарплата.

- Работа на условиях неполного рабочего времени - выход из безработицы.

- Профессия влияет на характер человека.

Beispiel zu 1:

1-2-3-4-5-6-7-8-9 - журналист

a) 7-4-1-10-4-10-3; b) 8-6-10-8-5-3-11, c) 12-7-8-5-9-10-6-11, d) 5-12-9-10-13-5-3-11,
e) 14-12-9-7-13, f) 8-14-6-15-5-9, g) 9-10-16-4-7-13, h) 3-10-17-10-8-6-10-4-4-7-13,
i) 17-14-3-18-13, j) 19-3-5-20, k) 1-10-6-10-21-4-14-15-14-3-14-1-4-7-13;

Lösung : a) инженер, b) слесарь, c) писатель, d) аптекарь, e) оптик, f) солдат, g) техник,
h) ремесленник, i) моряк, j) врач, k) железнодорожник

11

NIVEAU: ✶ bis ✶✶✶

LERNZIELE: Verben der Fortbewegung, Gespräche führen

MATERIAL: 16 Kärtchen mit Verben der Fortbewegung je Spielgruppe, Arbeitsblatt mit Lückentext (ohne Überschrift), Rußlandkarte, Dias

VORBEREITUNG:

Kopieren Sie die Verben der Fortbewegung auf S. 24, und schneiden Sie sie aus. Teilen Sie an jeweils vier Lernende ein Memoryspiel aus.

UNTERRICHTSVERLAUF:

1. Jeweils vier Lernende sitzen um einen Tisch herum und spielen zusammen Memory. Die Karten liegen mit der Rückseite nach oben auf den Tischen. Immer zwei Karten mit einem bestimmten und einem unbestimmten Verb der Fortbewegung, z.B. идти und ходить, bilden ein Paar. Die Spieler decken der Reihe nach zwei Karten auf. Ein Spieler darf sie nur dann bei sich ablegen und weitere zwei Karten aufnehmen, wenn er erkennt, daß beide Verben zusammengehören. In dem Fall liest er die Verben vor. Passen die Karten nicht zueinander, müssen sie wieder umgedreht werden. Jeder Spieler merkt sich möglichst gut, wo welche zuvor aufgedeckten Karten liegen. Gewonnen hat, wer die meisten Paare gesammelt hat.

2. Stellen Sie den Kurzdialog auf S. 24 für jede Gruppe unter eine andere Überschrift, und schreiben Sie diese an die Tafel, z.B. На улице; На (речном) вокзале oder В аэропорту. Die Gruppen vervollständigen den Text durch passende Verben der Fortbewegung und Zielorte, lesen ihn vor und begründen die Verbwahl.

3. Fordern Sie die Lernenden auf, jeweils zwei Paare zu bilden und Kurzdialoge über Reisepläne miteinander zu führen, in denen Partner A seinem Bekannten mitteilt, für welches Verkehrsmittel und Reiseziel er sich entschieden hat und B ihm vorschlägt, ein anderes Verkehrsmittel zu benutzen.

4. Lassen Sie die Lernenden paarweise Gespräche zwischen einem „Kunden“ und einem „Angestellten“ in einem Moskauer Reisebüro führen, in denen der „Kunde“ sich für eine kombinierte Bahn-Bus-Schiffs- und Flugreise an den Baikalsee oder nach Astrachan interessiert und der „Angestellte“ ihm mehrere Angebote macht. Die „Angestellten“ können in Vorbereitung darauf in gruppenteiliger Arbeit mehrere Reiserouten, die „Kunden“ entsprechende Fragen und Wunschäußerungen zusammenstellen.

5. Bitten Sie jene Kursteilnehmer, die bereits in Rußland gewesen sind, um einen kurzen Bericht in Wort und Bild über den Verlauf der Reise, insbesondere die besuchten Reiseziele und benutzten Verkehrsmittel. Dieser Bericht kann zu Hause vorbereitet werden. Die Zuhörer sollten Gelegenheit erhalten, dazu ergänzende Fragen zu stellen, z.B. Вы туда ехали на поезде или на автобусе? По каким улицам вы ходили, когда вы осматривали ...? По какой улице вы шли к ...?

идти	ходить	ехать	ездить
бежать	бегать	везти	возить
вести	водить	лететь	летать
нести	носить	плыть	плавать

- Куда вы сейчас ...?
- Я ... в ... Я люблю ...
- Вы часто ... в ...?
- Да, часто. Две недели тому назад я ... в ... А вы куда ...?
- Я ... в ...

© Ernst Klett Verlag für Wissen und Bildung GmbH, Stuttgart 1996. Alle Rechte vorbehalten. (Vervielfältigung zum Unterrichtsgebrauch gestattet)

12

NIVEAU: ✶ bis ✶✶✶

LERNZIELE: Wortschatzsystematisierung, Vorschläge unterbreiten, Entscheidungen begründen

MATERIAL: Fotos von Zimmereinrichtungen

UNTERRICHTSVERLAUF:

1. Teilen Sie die Kursteilnehmer in Kleingruppen von etwa vier Personen ein, und zeigen Sie jeder Gruppe das Foto einer (anderen) Zimmereinrichtung, z.B. das Foto eines Wohnzimmers, Schlafzimmers, Kinderzimmers oder einer Küche, für etwa 30 Sekunden. Lassen Sie die Lernenden sich in dieser Zeit möglichst viele der dargestellten Gegenstände fest einprägen und anschließend von jedem einzelnen die russischen Bezeichnungen dafür aus dem Gedächtnis niederschreiben. Die notierten Wörter werden vorgelesen, weitere ggf. mündlich ergänzt und die entsprechenden Gegenstände von einem Teilnehmer auf dem Bild gezeigt und kommentiert, die nicht abgebildeten hingegen zurückgewiesen.

2. Händigen Sie den Gruppen ein zweites Foto mit einer etwas anderen Einrichtung des betreffenden Zimmers aus. Lassen Sie sie beide Zimmereinrichtungen miteinander vergleichen und dann sagen, welche ihnen besser gefällt, warum sie dieser Meinung sind, was sie ersetzen, neu anschaffen oder anders anordnen würden.

3. Befestigen Sie Fotos zweier Wohnungen mit allen Zimmern an der Hafttafel, und machen Sie den Gruppen den Vorschlag, aus Kostengründen eine Wohnung aufzulösen, gemeinsam in die andere zu ziehen und eine Wohngemeinschaft zu gründen. Fordern Sie die Gruppen dazu auf, eine gemeinsame Lösung für das Mobilar aus beiden Wohnungen zu finden und sich darüber zu einigen, was in der gemeinsamen Wohnung verbleibt und wovon sie sich trennen wollen.

4. Bitten Sie die Kursteilnehmer, russische Gäste durch die gemeinsame Wohnung zu führen, diesen bestimmte Einrichtungsgegenstände näher vorzustellen, darüber ggf. kleine Geschichten zu erzählen und auf die Fragen der Gäste zu antworten.

5. Erkundigen Sie sich, wer von den Kursteilnehmern einen Fernsehapparat, einen Geschirrspüler und einen Computer hat, sich demnächst anschaffen will und wer eine solche Anschaffung ablehnt. Lassen Sie Befürworter und Gegner dieser technischen Hilfsmittel sich zusammensetzen, sich über ihre Argumente austauschen und sich dann mit ihren Kontrahenten über die Vorzüge und Nachteile dieser technischen Neuerungen auseinandersetzen. Sie können dazu Wortschatzhilfen anbieten, z.B. полезен - вреден, интересно - скучно, помогать - мешать, отнимать - экономить время, жить активно/пассивно ...

13

NIVEAU: ✶ bis ✶✶✶

LERNZIELE: Wortschatzsystematisierung, kursorisches Lesen, Fragen stellen und beantworten

MATERIAL: Namensliste, Texte und Dias von russischen Sehenswürdigkeiten

UNTERRICHTSVERLAUF:

1. Teilen Sie die Lernenden in Vierergruppen ein, und händigen Sie ihnen Listen mit Namen jeweils anderer russischer Sehenswürdigkeiten aus. Die Namen, z.B. Кремль, Красная площадь, Третьяковка, werden in der Gruppe vorgelesen. Jeder aus der Gruppe nennt spontan zu jeder Sehenswürdigkeit wenigstens ein ihm dazu einfallendes Wort oder eine Wortgruppe, zu Кремль z.B. памятник, дворцы, церкви, соборы, Царь-пушка, Царь-колокол, колокольня, Спасская башня.

2. Geben Sie den Kursteilnehmern Gelegenheit, sich zu jeder genannten Sehenswürdigkeit einzelne Stichpunkte zu notieren.

3. Stellen Sie jeder Gruppe Textmaterialien aus Prospekten, Büchern usw. mit Zusatzinformationen über „ihre" Sehenswürdigkeit zur Verfügung. Die Texte werden arbeitsteilig ausgewertet, die angelegten Notizen ergänzt, so daß ein Redeplan entsteht.

4. Jeder „Experte" äußert sich in seiner Gruppe zu wenigstens einer Sehenswürdigkeit in mehreren Sätzen und zu Fragen der Gruppenmitglieder. Der Redeplan und die Notizen dürfen benutzt werden. Die Zuhörer geben im Bedarfsfall Hinweise zu Aufbau, Inhalt und Vortragsweise der Darlegungen.

5. Zeigen Sie Dias zu den erarbeiteten Sehenswürdigkeiten. Diese werden jeweils von einer Expertengruppe kommentiert. Die Zuschauer erhalten anschließend Gelegenheit, dazu möglichst viele Fragen an die „Experten" zu stellen. An der Beantwortung können sich außer diesen auch Zuhörer beteiligen.

14

NIVEAU: ✶ bis ✶✶✶

LERNZIELE: landeskundliche Informationen, Fragen stellen und beantworten

MATERIAL: Arbeitsblatt mit 5 bis 8 Spalten, Rußlandkarte, Enzyklopädie, landeskundliche Texte

UNTERRICHTSVERLAUF:

1. Sagen Sie den Kursteilnehmern, daß Sie sich einen Überblick hinsichtlich ihrer landeskundlichen Kenntnisse über Rußland verschaffen wollen. Fordern Sie die Lernenden auf, eine Tabelle mit der Spalte „буква" und den Spalten für mehrere Sachgebiete vorzubereiten. Beziehen Sie die Kursteilnehmer in die Auswahl der Sachgebiete ein, lassen Sie sie entsprechende Vorschläge unterbreiten und diskutieren. Für einen solchen Test bieten sich u.a. Spalten mit den Überschriften ”река“, ”город“, ”достопримечательность“ und ”личность“ an. Die letzte Spalte kann je nach Informiertheit und Interesse der Teilnehmer noch weiter untergliedert werden, z.B. nach ”писатель“, ”художник“, ”учёный“, ”политик“, ”спортсмен“.

2. Bitten Sie einen Mitspieler, damit zu beginnen, das russische Alphabet unhörbar für die anderen aufzusagen. Unterbrechen Sie ihn mit „Stop!“. Der zuletzt genannte Buchstabe wird in die Spalte ”буква“ geschrieben.

3. Geben Sie nun das Zeichen, damit alle möglichst schnell je ein Wort mit diesem Anfangsbuchstaben in jede Spalte eintragen. Die Wörter müssen sich auf Rußland beziehen. Derjenige, der als erster damit fertig ist, ruft: „Stop!“. Diese Aufgabe kann auch in Gruppenarbeit ausgeführt werden.

4. Die Eintragungen werden verglichen, akzeptiert, in Frage gestellt oder zurückgewiesen. Halten Sie die Kursteilnehmer dazu an, nach ihnen unbekannten Namen zu fragen, und lassen Sie denjenigen, der den Namen in seiner Tabelle stehen hat, diesen erklären. Gegebenenfalls können einzelne Namen auch in einer russischsprachigen Enzyklopädie nachgeschlagen werden.

5. Die Kursteilnehmer bilden kleine Gruppen, werten zu einer Stadt, Sehenswürdigkeit oder Persönlichkeit in ihrer Tabelle einen oder mehrere Texte aus und erarbeiten darüber für die übrigen Gruppen einen Kurzvortrag. An dessen Darbietung kann sich ein Gespräch anschließen, in dem die Zuhörer Zusatzfragen stellen, Fakten ergänzen oder richtigstellen.

буква	река	город	достопримечательность	писатель	художник	учёный	политик
а	Амур	Астрахань	Адмиралтейство	Арбузов	Александров	Антонов	Астафьев
б	Бия	Братск	Большой театр	Блок	Баженов	Бородин	Брежнев
в	Волга	Владимир	ВДНХ	Волошин	Врубель	Вернадский	Воронин

15

NIVEAU: ✶ bis ✶✶✶

LERNZIELE: detailliertes Lesen, Aussagen begründen, landeskundliche Informationen

MATERIAL: Arbeitsblatt mit Wortreihen (vgl. Beispiel unten), Rußlandkarte, Enzyklopädie

VORBEREITUNG:

Stellen Sie auf einem Arbeitsblatt Wortreihen mit geografischen Bezeichnungen und Namen bekannter Persönlichkeiten Rußlands zusammen. Mischen Sie darunter auch jeweils eine nichtrussische Bezeichnung, die nicht in die Reihe gehört . Vervielfältigen Sie das Arbeitsblatt, und händigen Sie es jedem Kursteilnehmer aus.

UNTERRICHTSVERLAUF:

1. Lassen Sie die nichtrussischen Bezeichnungen in jeder Reihe unterstreichen.

2. Fordern Sie die Kursteilnehmer auf, in wenigstens einem Satz zu begründen, warum die von ihnen unterstrichenen Bezeichnungen nicht in die Reihe gehören, z.B. Киев - не русский, но и украинский город. Киев - столица Украины, а Украина расположена к югу от России.

3. Geben Sie den Lernenden Gelegenheit, sich nach jenen geografischen Bezeichnungen und Namen von Persönlichkeiten zu erkundigen, die ihnen bisher unbekannt waren oder über die sie mehr wissen möchten.

4. Schlagen Sie Ihren Kursteilnehmern vor, in Gruppen einen Quiz mit Auswahlantworten über bekannte Russen zu erarbeiten und sich gegenseitig zu testen. Die Quizfragen sollten sich größtenteils auf Russen aus den Wortreihen beziehen.

- города: 1. Москва, 2. Санкт-Петербург, 3. Киев, 4. Смоленск, 5. Владивосток
- реки: 1. Амур, 2. Лена, 3. Сырдая, 4. Обь, 5. Волга
- озёра: 1. Байкал, 2. Балхаш, 3. Онежское озеро, 4. Ладожское озеро, 5. Ильмень
- горы: 1. Карпаты, 2. Кавказ, 3. Урал, 4. Саяны, 5. Алтай
- цари: 1. Пётр I., 2. Екатерина II., 3. Иван Грозный, 4. Карл Великий, 5. Александр I.
- писатели: 1. Толстой, 2. Чехов, 3. Пушкин, 4. Айтматов, 5. Солженицын
- музыканты: 1. Чайковский, 2. Дворжак, 3. Глинка, 4. Прокофьев, 5. Шостакович
- живописцы: 1. Репин, 2. Крамской, 3. Рубенс, 4. Перов, 5. Кандинский
- учёные: 1. Ломоносов, 2. Циолковский, 3. Менделеев, 4. Ватт, 5. Павлов

Lösungen: 3, 3, 2, 1, 4, 4, 2, 3, 4

16

NIVEAU: ✶ bis ✶✶✶

LERNZIELE: Kasusgebrauch der Substantive, Gespräche führen, Argumente austauschen und verteidigen

MATERIAL: Europakarte, Visitenkarten, Karten mit Lösungen

VORBEREITUNG:

Lassen Sie die Kursteilnehmer Visitenkarten mit Namen ziehen, z.B. mit den Namen Лев Анатольевич Львов, Ольга Сергеевна Завадская, Курт Эрке, Антье Нойман, Джон Рид, Моник Жирак, Урс Швайцер, Тадэуш Павлак, Ульф Ёнсон, Зузанна Габор, und zu Hause dem Namen Beruf, Adresse (einschließlich Land), Telefonnummer hinzufügen. Bereiten Sie außerdem für jede Gruppe eine Karte mit einer Frage über das Zusammenleben in einem vereinten Europa vor, die zur Diskussion anregt, z.B. Европа без границ нам нужна? Какую роль Россия должна играть в объединённой Европе? Какие языки/права/... нужны европейцам в объединённой Европе?

UNTERRICHTSVERLAUF:

1. Begrüßen Sie die „Parlamentarier mehrerer Länder" (Kursteilnehmer) zu einem „internationalen Treffen über die Gestaltung eines vereinten Europas" in Moskau, und lassen Sie verschiedene „internationale Arbeitsgruppen" bilden. Konferenzsprachen sind Russisch und Englisch.

2. Bitten Sie die „Parlamentarier", sich in ihrer Arbeitsgruppe mit ihrem Namen und Beruf auf russisch oder englisch vorzustellen sowie anhand des Namens auf das Herkunftsland und die Nationalität ihres „Kollegen" zu schließen, z.B. Разрешите представиться, меня зовут ... . Я ... sowie Вы из Германии? Вы немец?

3. Regen Sie an, daß sich die „Parlamentarier" in jeder Arbeitsgruppe etwas näher miteinander bekanntmachen und ihre Visitenkarten untereinander austauschen.

4. Überreichen Sie in jeder Arbeitsgruppe einem „Parlamentarier" ein Kärtchen mit dem Thema der Beratung. Die jeweilige Frage wird vorgetragen und die Diskussion dazu eröffnet. Wichtige Ergebnisse der Diskussion können von einem Mitglied der Arbeitsgruppe in einem Statement in russischer Sprache zusammengefaßt werden.

5. Lassen Sie die Kärtchen mit den Beratungsthemen jeweils zwischen zwei Arbeitsgruppen austauschen und sich beide Gruppen auch zu der zweiten Frage eine Meinung erarbeiten.

6. Machen Sie nun den Vorschlag, daß immer zwei Arbeitsgruppen ihre Ergebnisse austauschen, ein Mitglied aus jeder Gruppe den gemeinsamen Standpunkt zu der diskutierten Frage vorträgt, und danach die Meinungsunterschiede weiter erörtert werden.

17

NIVEAU: ✶ bis ✶✶✶

LERNZIELE: Fragen beantworten, Ratschläge geben, Werbeprospekt entwerfen

MATERIAL: Werbeprospekte, Stadtplan, Ansichtskarten, Veranstaltungsplan, Plakate, Wörterbuch, Arbeitsblatt

VORBEREITUNG:

Vielleicht besuchen Sie (mit den Kursteilnehmern) das Fremdenverkehrsamt Ihres Ortes, sehen sich dort um, informieren sich über die Arbeitsweise und beschaffen sich Informationsmaterialien über den Ort.

Stellen Sie auf einem Arbeitsblatt aus den alphabetisch geordneten Silben von Bezeichnungen für öffentliche Einrichtungen und Sehenswürdigkeiten Ihres Ortes ein Silbenrätsel zusammen.

UNTERRICHTSVERLAUF:

1. Wiederholen und systematisieren Sie mit den Kursteilnehmern den Wortschatz zum Thema „Heimatort", indem Sie das Silbenrätsel als vorbereitende Hausaufgabe oder in gruppenteiliger Arbeit im Unterricht lösen, die Wörter vorlesen, die Einrichtungen und Sehenswürdigkeiten auf Ansichtskarten zeigen und benennen lassen.

2. Erzählen Sie von Ihrem Besuch im Fremdenverkehrsamt (ведомство по туризму), oder werten Sie den gemeinsamen Besuch mit den Kursteilnehmern in einem Gespräch über Adresse, Öffnungszeiten, Zahl der Mitarbeiter, Dienstleistungen usw. aus. Richten Sie im Verlaufe des Gesprächs ein „Fremdenverkehrsamt" ein.

3. Übernehmen zunächst Sie und danach Kursteilnehmer die Rolle eines russischen Touristen, melden Sie sich im „Fremdenverkehrsamt" an, holen Sie Auskünfte über den Ort und dessen Umgebung und Sehenswürdigkeiten, über Ferienwohnungen und Freizeitangebote bei den Mitarbeitern (Kursteilnehmer) ein.

4. Regen Sie die Lernenden an, einen Werbeprospekt über den Wohnort in russischer Sprache zu entwerfen. Zeigen Sie einige Prospekte, erläutern Sie deren Anlage, und bitten Sie die Lerner um Vorschläge, was aufgenommen, wie der Prospekt gegliedert und gestaltet werden soll. Wichtige Inhalte werden in Form von Stichpunkten oder Schlagzeilen an die Tafel geschrieben.

5. In Arbeitsgruppen werden Informationen und Bildmaterial über die Geschichte, das Kulturleben, die Sportangebote, die Gastronomie, die Erholungsmöglichkeiten in der Umgebung zusammengetragen, ein Schreibplan entwickelt, Texte entworfen, diskutiert und überarbeitet. Jede Arbeitsgruppe stellt den anderen ihren Entwurf vor, antwortet auf Fragen und Vorschläge und bearbeitet ihren Teil.

6. Eine Redaktion faßt alle Teile des Prospekts zusammen. Der Prospekt kann dem Fremdenverkehrsamt zur Verfügung gestellt werden.

18

NIVEAU: ✶ bis ✶✶✶

LERNZIELE: Satzgliedformen, Wortstellung, Aussagen und Fragen formulieren

MATERIAL: Arbeitsblatt mit einer Tabelle, Wortformen und Wortgruppen, Folie mit Lösungsschlüssel

VORBEREITUNG:

Ordnen Sie auf einem Arbeitsblatt je fünf Subjekte, Prädikate, Attribute, Objekte, Orts- und Zeitangaben von zu übendem Wortschatz aus zusammenhängenden Sätzen beliebig an, und plazieren Sie darunter eine Tabelle mit den Spalten „Zeitangabe", „(Attribut) Subjekt", „Prädikat", „(Attribut) Objekt" und „Ortsangabe". Kopieren Sie die Arbeitsblätter, und verteilen Sie jeweils eines an jede Gruppe. (Beispiel S. 32)

UNTERRICHTSVERLAUF:

1. Teilen Sie die Kursteilnehmer in Sechsergruppen. Lassen Sie sie in der Gruppe die Satzgliedfunktionen ausgewählter Wortformen und Wortgruppen auf dem Arbeitsblatt bestimmen. Fragen dazu und zur Wortstellung werden gemeinsam geklärt.

2. Fordern Sie die Gruppen dazu auf, die Satzglieder auf dem Arbeitsblatt in die dort dargestellte Tabelle so einzutragen, daß sinnvolle Sätze entstehen.

3. Die Wortformen und Wortgruppen können nach Satzgliedern und/oder Sätzen geordnet vorgelesen werden. Falls erforderlich, sollte auf die notwendige Übereinstimmung zwischen Form und Funktion einzelner Satzglieder eingegangen werden.

4. Lassen Sie die Gruppen Fragen nach jeweils unterschiedlichen Satzgliedern aufschreiben, vortragen und die Wortstellung mit der im russischen Aussagesatz sowie im deutschen Fragesatz vergleichen.

5. Legen Sie das Thema oder die Äußerungsabsicht und die zu übende Struktur für zu formulierende Aussage- oder Fragesätze fest. Danach wählt der 1. Lernende aus jeder Gruppe z.B. ein zum Thema oder zur Äußerungsabsicht passendes Subjekt aus und schreibt es auf ein leeres Blatt, das er so faltet, daß die anderen das Wort nicht sehen können; der 2. wählt ein Prädikat und verfährt wie der 1., der 3. fügt ein Objekt hinzu usw. Ist der Satz vollständig, faltet die Gruppe das Blatt wieder auseinander, korrigiert gemeinsam den Satz und liest ihn vor.

6. Stellen Sie den Gruppen die Aufgabe, die zuvor erarbeiteten Einzelaussagen zu einem Monolog bzw. die Fragen zu einem Dialog über das betreffende Thema zu erweitern.

люблю слушать

вечером в шахматы на лыжах

зимнего летом брат музыку ездит

я с другом на автомашине там мы

во время отпуска играем классическую моей ходит

дома на пляже по воскресеньям он старшая

в Альпы отдыхает в комнате

младший сестра

Zeitangabe	(Attribut) Subjekt	Prädikat	(Attribut) Objekt	Ortsangabe

© Ernst Klett Verlag für Wissen und Bildung GmbH, Stuttgart 1996. Alle Rechte vorbehalten. (Vervielfältigung zum Unterrichtsgebrauch gestattet)

19

NIVEAU: ✶✶

LERNZIELE: Wiedergabe von „brauchen" im Russischen, Gespräche führen

MATERIAL: Realien oder Abbildungen typischer Arbeitsmittel für bestimmte Berufe, Kärtchen mit Berufsbezeichnungen

UNTERRICHTSVERLAUF:

1. Teilen Sie die Kursteilnehmer in kleine Gruppen, und lassen Sie jede Gruppe ein Kärtchen ziehen, auf dem ein Beruf angegeben ist.

2. Fordern Sie die Kursteilnehmer auf, in den Gruppen möglichst viele Bezeichnungen für Fähigkeiten und Arbeitsmittel zusammenzutragen, die sie brauchen, um den Beruf auf dem Kärtchen ausüben zu können. Journalisten (1) und Lehrer (2) können z.B. von sich sagen:

(1) Мне нужен журнал (карандаш, блокнот, фотоаппарат, ...).

Мне нужна газета (ручка, ...).

Мне нужно издательство (образование, агентство, ...).

Мне нужны идеи (тексты, фотографии, карикатуры, ...).

(2) Мне нужен учебник (мел, кассетник, телевизор, видеомагнитофон, ...).

Мне нужна комната (доска, линейка, карта, указка, ручка, ...).

Мне нужно образование (знание, исследование, расписание уроков, ...).

Мне нужны тексты (упражнения, словари, справочники, кассеты, слайды, ...).

3. Lassen Sie jede Gruppe vortragen, welche Fähigkeiten und Arbeitsmittel sie für „ihren" Beruf, der ungenannt bleibt, benötigt. Die Kursteilnehmer der übrigen Gruppen notieren jeder einzeln die Berufsbezeichnung, auf die die Angaben offenbar zutreffen.

4. Geben Sie den Zuhörern die Möglichkeit, sich in ihrer Gruppe anhand von Notizen über die vermeintlichen Berufe kurz zu verständigen, bevor dieses „Geheimnis" gelüftet wird.

5. Schlagen Sie vor, aus jeder Gruppe einen Berufsberater (профконсультант) in eine andere Gruppe zu delegieren, der dort auf Fragen antwortet, was für „seinen" Beruf, z.B. für den Journalistenberuf, an Ausbildung, Eigenschaften und Arbeitsmitteln benötigt wird. Einige Vorschläge für zu stellende Fragen: Какое обучение нужно журналистам? Какие навыки/черты характера им нужны? Какие языки нужны зарубежным корреспондентам в России?

VARIANTE:

Sie können ebenso die Kursteilnehmer auch alles das zusammentragen oder sich im Gespräch darüber austauschen lassen, was zur Ausübung bestimmter Hobbys gebraucht wird.

20

NIVEAU: ✶✶

LERNZIELE: Spielinstruktionen detailliert lesen, über Stadtrundfahrt sprechen, Landeskunde

MATERIAL: Spielplan, Spielsteine, Würfel, Checkliste mit Instruktionen jeweils für bis zu 6 Kursteilnehmer, Wörterbuch

VORBEREITUNG:

Entwerfen Sie (zusammen mit den Kursteilnehmern) nach dem Muster eines Stadtplans einen Spielplan. Kennzeichnen Sie darauf den Weg vom Start bis ins Ziel und dazwischen die Ereignisfelder, kleben Sie neben jedes Ereignisfeld ein dazu passendes Foto mit einer Sehenswürdigkeit der betreffenden Stadt, und erarbeiten Sie die Spielinstruktionen zu den Ereignisfeldern. Sie können aber auch auf die Kopiervorlage auf S. 35 zurückgreifen. Es empfiehlt sich, für jede Gruppe den Spielplan auf Karton zu kleben.

UNTERRICHTSVERLAUF:

1. Bilden Sie zahlenmäßig etwa gleich große Spielergruppen zwischen vier und sechs Personen. Verteilen Sie an jede Gruppe ein Spielbrett, einen Würfel, eine Checkliste mit Spielinstruktionen und ein Wörterbuch sowie an jeden Mitspieler einen Spielstein.

2. Geben Sie den Kursteilnehmern Gelegenheit, sich den Spielplan anzusehen, die Checkliste mit den Instruktionen durchzulesen und dazu Fragen zu stellen. Vor Spielbeginn wird in jeder Gruppe vereinbart, ob das Zielfeld nur durch einen genauen Wurf der noch fehlenden Augenzahl oder auch durch einen Wurf mit größerer Augenzahl als erforderlich erreicht werden kann.

3. Die Spieler würfeln in einer vorher festgelegten Reihenfolge. Kommt ein Spieler auf ein Ereignisfeld, liest er den entsprechenden Text still und verfährt nach den dort gegebenen Instruktionen. Versteht er den Ereignistext nicht, oder weicht er von den Instruktionen ab, hat er eine Spielrunde Zeit, sich mit Hilfe des Wörterbuchs darüber klar zu werden, was verlangt wird. Nimmt er nach dieser Runde die Hilfe eines Mitspielers in Anspruch, muß er drei Felder zurückgehen. Der Mitspieler darf drei Felder vorrücken.

4. Wenn eine Gruppe das Spiel lange vor den anderen beendet hat, können die Gruppenmitglieder nun mit Hilfe des Spielplans über die Stadtrundfahrt sprechen. Dabei wird zunächst nach jedem, dann nach jedem zweiten Ereignisfeld usw. gewechselt.

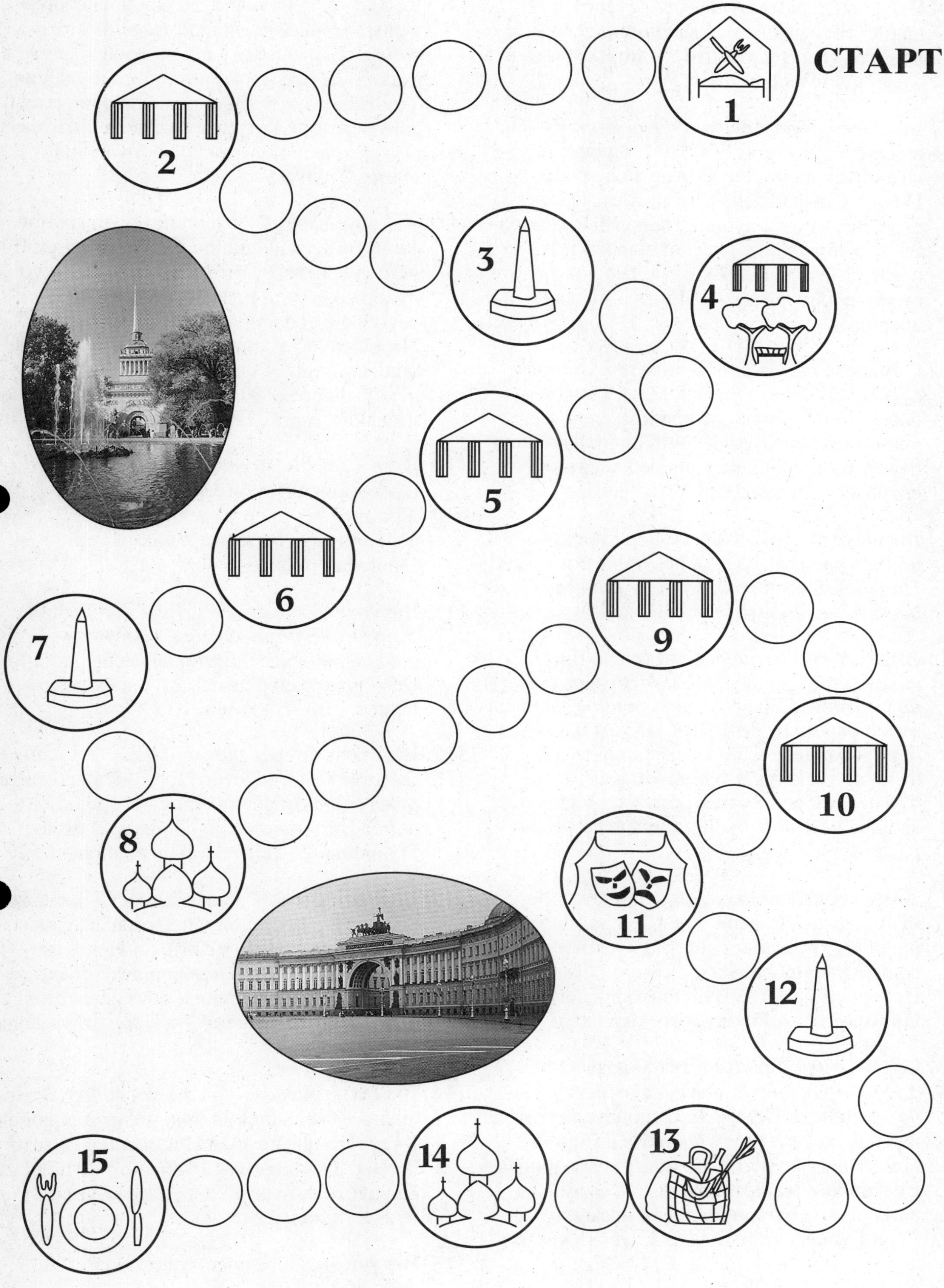

© Ernst Klett Verlag für Wissen und Bildung GmbH, Stuttgart 1996. Alle Rechte vorbehalten. (Vervielfältigung zum Unterrichtsgebrauch gestattet)

(1) Ваша экскурсия по Санкт-Петербургу начнётся перед вашей *гостиницей*. Вы поедете на автобусе. Добро пожаловать в Северную Венецию!

(2) Вы в *Петропавловской крепости*. Ей как и Петербургу почти 300 лет. Крепость находится на маленьком острове реки Невы. Каждый день в 12 часов здесь стреляет старая пушка. Ваш гид показывает Вам саркофаги русских царей Петра I. и Александра III.. В киоске Вы поку-паете сувенир для брата. → Идите 3 пункта вперёд!

(3) С Вашего автобуса Вы видите *памятник Суворову*. Знаете ли Вы, кем Суворов был? Он был русским врачом, фельдмаршалом или писателем?→ При правильном ответе идите 3 пункта вперёд, в другом случае 3 пункта назад!

(4) Вы выходите из автобуса. При прекрасной погоде Вы гуляете по *Летнему саду Петра I.* и осматриваете его *Летний дворец*. → Пропустите один ход!

(5) Ваш автобус останавливается на Дворцовой площади недалеко от *Зимнего дворца*. Зимний дворец - великолепное здание в стиле барокко. До 1917 года там жили цари и царицы. Сейчас здесь показываются коллекции *Эрмитажа*. Как жаль, что нет времени осмотреть их. → Идите дальше по Дворцовой площади до Адмиралтейства!

(6) *Адмиралтейство* символизирует морскую державу России. На Адмиралтействе раньше строили корабли. Вы хотите сфотографировать этот символ Санкт-Петербурга. А где Ваш фотоаппарат? Ищите его! → Пропустите один ход!

(7) Слева от Адмиралтейства находится *площадь Декабристов* со знаменитым *памятником Петру I.*. Основатель города на Неве хотел "открыть окно в Европу". Памятник Петру I. был подарком царицы Екатерины II. Петербургу. Об этом памятнике Пушкин написал поэму. → Если Вы её знаете, идите 4 пункта вперёд!

(8) Кроме того, на площади Декабристов Вы видите монументальный *Исаакиевский собор*. Его высота - сто метров. Сейчас в здании собора проводятся богослужения. Там тоже музей. Вы очень интересуетесь документами о строительстве и архитектуре этого великолепного сооружения. Идите 2 пункта вперёд!

(9) Автобус везёт Вашу туристскую группу на Мойку 12, где Пушкин жил и работал. Вы осматриваете *музей-квартиру великого русского поэта* и узнаёте много интересного о его жизни и творчестве. → Назовите по крайней мере два произведения Пушкина. Если Вы их знаете, идите 2 пункта вперёд. Знаете ли Вы только одно название, идите 1 пункт дальше.

(10) Вы в *Русском музее*. Здесь находится самая большая коллекция русских художественных произведений в мире. Вы долго стоите перед картинами Репина. → Пропустите один ход!

(11) Вы хотите купить билет на "Лебединое озеро" в *Театре оперы и балета*. К сожалению, все билеты на сегодняшний сеанс уже распроданы. Как досадно! → Идите 3 пункта назад!

(12) Вы стоите перед *памятником Пушкину*. Жители Санкт-Петербурга очень гордятся этим великим сыном своего города. Гид дарит Вам маленький сборник стихов Пушкина. → Идите 2 пункта вперёд!

(13) Ваш автобус ждёт недалеко от *Гостиного двора*. Это большой универмаг на главной улице Санкт-Петербурга, на Невском проспекте. Вы там долго ищете подарок для гида своей группы и опаздываете на условленную встречу. → Пропустите один ход!

(14) Вы осматриваете *Казанский собор*. Этот архитектурный памятник посвящён победе Кутузова над армией Наполеона. Знаете ли Вы, в каком году это было? → Если да, Вы идёте 2 пункта вперёд, если нет - 2 пункта назад.

(15) Вы у цели. Через час будет обед.

© Ernst Klett Verlag für Wissen und Bildung GmbH, Stuttgart 1996. Alle Rechte vorbehalten. (Vervielfältigung zum Unterrichtsgebrauch gestattet)

21

NIVEAU: ✶✶

LERNZIELE: Stichpunkte zum Thema notieren, Vermutungen äußern, Fragen stellen, Gespräche führen

MATERIAL: Blatt für Notizen

UNTERRICHTSVERLAUF:

1. Verschaffen Sie sich einen Überblick über Sach- und Wortschatzkenntnisse zum zu wiederholenden Thema, z.B. zum Thema „Mein Heimatort“. Bitten Sie die Lernenden, 10 Kurzantworten auf mögliche Fragen zu diesem Thema aufzuschreiben, z.B. в Грейфсвальде - у Балтийского моря - 750 - 67 000 - главное здание университета - 1456 - Рубенов -5000 - церкви - недалеко от центра. Gehen Sie umher, und helfen Sie bei Bedarf.

2. Fordern Sie die Kursteilnehmer auf, mit ihrem Tischnachbarn die Notizen auszutauschen und im Gespräch Vermutungen darüber anzustellen, wie die Frage zu der jeweils gegebenen Kurzantwort gelautet haben könnte. Dafür ein Beispiel, dargestellt an der Kurzantwort „750“:

A: Грейфсвальд был основан в 750 году?

B: Нет, позже.

A: Это число имеет дело с возрастом города?

B: Да, точно.

A: Сейчас ясно. Вопрос был: Сколько лет Грейфсвальду?

B: В самом деле.

3. Nachdem jeder der beiden Partner die Fragen des anderen rekonstruiert und sich ggf. aus den Antworten zusätzliche Angaben notiert hat, erarbeiten sich beide auf der Grundlage ihrer Kurzantworten und Notizen einen Redeplan zum gemeinsamen Thema. Anschließend fassen sie zu jedem Gliederungspunkt den Inhalt zusammen und entwickeln eine geschlossene Darstellung zum jeweiligen Thema.

4. Die erarbeiteten Texte werden im Plenum vorgestellt und diskutiert.

22

NIVEAU: ✶✶ bis ✶✶✶

LERNZIELE: detailliertes Hörverstehen, Gegenstände benennen, Vermutungen äußern und begründen

MATERIAL: Zettel für Notizen, Beutel oder Tasche

VORBEREITUNG:

Bitten Sie alle Kursteilnehmer, unbemerkt von den anderen, vor Unterrichtsbeginn einen persönlichen Gegenstand in einen neben der Tafel hängenden Beutel zu legen. Beteiligen auch Sie sich an dieser Aktion.

UNTERRICHTSVERLAUF:

1. Nehmen Sie die Gegenstände aus dem Beutel, zeigen Sie sie den Kursteilnehmern, und lassen Sie sie von ihnen benennen: Это ... . Вот ... . Legen Sie die Gegenstände danach für alle sichtbar aus.

2. Beschreiben Sie in jeweils nur zwei Sätzen Form und Funktion der Gegenstände, ohne jedoch auf sie zu zeigen und ihren Namen zu erwähnen, z.B. Это (короткий, круглый, четырёхугольный, ...) предмет (длиной в .../ ... цвета). Он нам нужен, чтобы ... .
Schreiben Sie unbekannte Wörter russisch an die Tafel, verdeutlichen Sie ihre Bedeutung ggf. in optischer Form (Tafelzeichnungen, farbige Kreide). Die Zuhörer numerieren und notieren die Gegenstandsbezeichnungen auf einem Zettel.

3. Die Gegenstände werden in der Reihenfolge ihrer Beschreibung vorgelesen und von einem Kursteilnehmer gezeigt.

4. Fordern Sie die Kursteilnehmer nun dazu auf, darüber zu spekulieren, wem der jeweils gezeigte Gegenstand gehören könnte. Sind die Lernenden darin noch wenig geübt, sollten Sie von allen gemeinsam dafür benötigte Wendungen zusammentragen lassen, z.B. Я предполагаю, что ... . Мне думается, что ... . Я уверен/а в том, что ... . Мне кажется, что ... . По-моему, это ... . Наверно(е), это ... . Lassen Sie die Lernenden ihre Vermutung möglichst begründen. Die vermeintlichen Eigentümer widersprechen der Vermutung oder bestätigen sie und erhalten in letztgenanntem Fall den Gegenstand zurück.

23

NIVEAU: ✶✶ bis ✶✶✶

LERNZIELE: verstehendes Hören, Textproduktion

MATERIAL: Tafel und Arbeitsblätter mit Zahlenangaben, Fotos von einem Leichtathletiksportfest

VORBEREITUNG:

Schreiben Sie die zu übenden Zahlenangaben so an die Tafel und auf das Arbeitsblatt, daß sie über die gesamte Fläche verteilt sind. Sie können Grund- und Ordnungszahlen verwenden.

UNTERRICHTSVERLAUF:

1. Zeigen Sie einige Fotos, die bei einem Leichtathletiksportfest aufgenommen wurden, und erklären Sie, daß Sie sich dort die angeschriebenen Zahlenangaben notiert haben. Bitten Sie die Kursteilnehmer, sich gut zu merken, wo die Zahlen auf dem Arbeitsblatt plaziert sind.

2. Lesen Sie einen Bericht über das Leichtathletiksportfest mit einem Teil der gegebenen Zahlenangaben vor. Die im Bericht genannten Zahlen sind von den Lernern auf ihrem Arbeitsblatt einzukreisen. Wenn Lerner eine Information oder Zahl nicht verstanden haben, können sie diese nach dem Vortrag durch Rückfragen ermitteln.

3. Anschließend können Sie die Zahlenangaben aus dem Bericht an der Tafel einkreisen und sich durch Kontrollfragen noch zusätzlich vergewissern, ob alles verstanden wurde. Die Kursteilnehmer vergleichen die Markierungen an der Tafel mit ihren Aufzeichnungen und können sich zu einzelnen Zahlenangaben stichpunktartige Notizen für einen Pressebericht machen.

4. Die Kursteilnehmer erarbeiten über das Leichtathletiksportfest in je zwei Gruppen einen Redeplan für einen Pressebericht. Sie beziehen dabei außer den eingekreisten auch die anderen Zahlenangaben auf dem Arbeitsblatt ein. Die Ergebnisse werden zwischen den Gruppen ausgetauscht, diskutiert und ggf. überarbeitet. Die vier Gruppen stellen sich mit ihren Reportagen bzw. Berichten der Diskussion im Plenum.

Ein Beispiel, das nach Möglichkeit aktualisiert und um die fehlenden Angaben ergänzt werden sollte:

13-го мая в городе ... были международные соревнования по лёгкой атлетике. На старте было 439 легкоатлетов из тридцати стран, среди них 33 из Германии. Соревнования начались в 14 часов на стадионе .... . Немецкие женщины заняли первое место в соревнованиях по прыжкам в высоту и второе место по прыжкам в длину. ... прыгнула выше всех соперниц. Она прыгнула в высоту на 2,05 м. Ей только 18 лет. Она ученица двенадцатого класса в спортивной гимназии. ... прыгнула в длину на 7,13 м. Это был личный рекорд для неё. Она заняла второе место. ... толкнул ядро на 20,15 м. Наши лучшие спринтеры стали четвёртым и пятым.

24

NIVEAU: ✶✶ bis ✶✶✶

LERNZIELE: Entscheidungs- und Bestimmungsfragen stellen, Stadtführung vorbereiten und gestalten

MATERIAL: Overheadprojektor, Dias mit Sehenswürdigkeiten

UNTERRICHTSVERLAUF:

1. Sie zeigen den Kursteilnehmern Dias einer ihnen allen bekannten Einrichtung oder Sehenswürdigkeit. Zunächst stellen Sie das jeweilige Dia so unscharf ein, daß das Bild nur schemenhaft sichtbar ist und lassen die Kursteilnehmer dazu Entscheidungsfragen formulieren. Der Fragesteller wechselt, sobald eine Pause eintritt oder eine Frage verneint wird. Gelingt es nicht, die Einrichtung oder Sehenswürdigkeit zu ermitteln, stellen Sie das Dia etwas schärfer und lassen weitere Entscheidungsfragen zu. Die Rateübung wird solange fortgesetzt, bis das Objekt richtig benannt werden kann.

2. Die Lernenden richten alle ihre Fragen und Informationswünsche zu den Sehenswürdigkeiten auf den nochmals gezeigten, nun aber scharf eingestellten Dias an den Kursleiter oder einen Kursteilnehmer, der sich z.B. mit Hilfe eines Lesetextes darauf speziell vorbereitet hat. Sollte das Stellen der Fragen Schwierigkeiten bereiten und sehr schleppend erfolgen, können bestimmte Standardfragen zunächst vollständig (Сколько лет этому зданию?) oder fragmentarisch (Сколько лет?) vorgegeben und bei der nächsten Sehenswürdigkeit auf das jeweilige Frage- oder Kernwort (возраст) reduziert werden, bis auch dieses gelöscht wird. Die Kursteilnehmer dürfen sich zu den Antworten kurze Notizen machen.

3. Ein Kursteilnehmer faßt alles Wissenswerte über die jeweilige Sehenswürdigkeit kurz zusammen.

4. Nach dieser Vorbereitung werden die Kursteilnehmer in mehrere Gruppen aufgeteilt. Jede Gruppe bekommt für eine Stadtführung mit russischen Gästen eine Straße oder mehrere sehenswerte Gebäude zugewiesen. Dazu erarbeitet sie sich einen Redeplan, stellt Satzanfänge, Sprachmaterial und Informationen aus bereits gelesenen und neuen Texten zusammen, trägt Teile des Vortrages vor, diskutiert darüber, sucht gemeinsam nach noch treffenderen Formulierungen und korrigiert sprachliche Fehler.

5. Den Höhepunkt bildet die von allen Gruppen gestaltete Stadtführung mit Hilfe von Dias oder bei einem Spaziergang durch die Stadt. Dazu können russische Bekannte und Freunde eingeladen werden.

25

NIVEAU: ✶✶ bis ✶✶✶

LERNZIELE: Wortschatzsystematisierung, hören, beschreiben, Fragen stellen und beantworten

MATERIAL: Arbeitsblatt mit Adjektiven zur Personenbeschreibung und einer Tabelle, Ganzfotos von Personen

UNTERRICHTSVERLAUF:

1. Lassen Sie die Kursteilnehmer Situationen nennen, in denen es wichtig sein kann, Personen möglichst genau zu beschreiben, z.B. als Zeuge bei Unfällen und Straftaten, als Mitarbeiter einer Partnervermittlung bei der Zusammenführung von Menschen, als Schriftsteller.

2. Sagen Sie den Lernenden, daß sie in Vorbereitung auf eine Personenbeschreibung die Adjektive auf ihrem Arbeitsblatt, ggf. unter Benutzung des Wörterbuchs, in die Tabelle einordnen möchten (+ positive, - negative Eigenschaften).

3. Fordern Sie die Kursteilnehmer auf, zu den Adjektiven in der Tabelle die entsprechenden Antonyme aufzuschreiben und vorzulesen.

4. Zeigen Sie den Kursteilnehmern mehrere Personen, die sich nur in Details unterscheiden, auf Ganzfotos oder Zeichnungen. Tragen Sie eine oder auch mehrere sich darauf beziehende Personenbeschreibungen vor, und lassen Sie die Lerner herausfinden, von wem die Rede ist, und ihre Meinung nach Möglichkeit begründen.

5. In Gruppen erarbeiten die Lernenden die Beschreibung einiger ihnen bekannter Personen bezüglich des Äußeren, der Kleidung, des Charakters und des Verhaltens, z.B. Это мужчина среднего роста. Ему приблизительно 40 лет. У него спортивная фигура. Он в очках. Он любит ходить в джинсах и в модной майке. Он вежливый человек. Он всегда готов помочь.

6. Die Lernenden einer Gruppe stellen nun der anderen Gruppe solange Entscheidungsfragen zu der von dieser ausgewählten Person, bis sie deren Namen erraten haben. Der Fragesteller wechselt, sobald eine Pause eintritt oder eine Frage verneint wird. Hier einige Beispiele für Fragen: Это он/она? Это взрослый/взрослая? Он/а здесь в комнате? Он/а высокого/маленького роста? У него/неё карие глаза? Он/а любит одеваться модно. Он/а в брюках/платье? Он/а интересный/ весёлый человек?

7. Bei richtiger Benennung der Person, trägt ein Vertreter der Gruppe, die deren Beschreibung erarbeitet hatte, selbige vor. Die Lerner aller Gruppen können nun die Relevanz dieser Charakteristik diskutieren.

молодой, высокий, полный, хороший, весёлый, ленивый, простой, сильный, нескромный, скучный, честный, умный, некрасивый, вежливый, длинный, тёмный.

наружность		характер	
+	–	+	–

26

NIVEAU: ✶✶ bis ✶✶✶

LERNZIELE: Informationen einholen, Vorschläge unterbreiten und begründen, Rollenspiel

MATERIAL: Veranstaltungsplakate und -pläne, Tageszeitungen

UNTERRICHTSVERLAUF:

1. Teilen Sie die Kursteilnehmer in Dreiergruppen ein, und stellen Sie allen die Aufgabe, für einen Moskauaufenthalt möglichst interessante Tages- und Abendprogramme mit wenigstens drei Höhepunkten zu organisieren.

2. Jede Gruppe verschafft sich mit Hilfe von Plakaten, eines Veranstaltungsplanes, einer Tageszeitung und eines kurzen Gesprächs mit einem Mitarbeiter (Kursleiter) im Servicebüro einen möglichst umfassenden Überblick über das aktuelle Angebot an Exkursionen, Tanz-, Theater-, Kino- und Sportveranstaltungen. Ihr allein bleibt die Aufgabenverteilung überlassen.

3. In den Gruppen informiert jeder über die Ergebnisse seiner Nachforschungen, so daß alle Gruppenmitglieder den gleichen Informationsstand besitzen.

4. Lassen Sie nun in jeder Gruppe Vorschläge für ein Tages- und Abendprogramm unterbreiten, diskutieren, verwerfen oder annehmen. Folgende Wörter und Wendungen können dabei hilfreich sein: Давайте, поедем ... . Пойдём ... . Я предлагаю/рекомендую ... . Серьёзно? Это (не) хорошая идея. (Не) стоит ... . Я (не) согласен/согласна с вами. Я (не) уверен/а в том, что ... . Позвольте пригласить вас ...? С удовольствием.

5. Jede Gruppe stellt den anderen ihr Programm vor. Die Gruppen handeln untereinander aus, was sie gemeinsam und was sie getrennt unternehmen wollen, welche Gruppe was organisiert.

6. Jede Gruppe gestaltet die Situationen, die sie zur Erfüllung ihres Auftrages zu bewältigen hat, erst einmal probeweise nach. Wer z.B. ein Telefongespräch mit einem Reiseanbieter zu führen, Karten an der Theaterkasse zu kaufen oder Plätze in einem Tanzcafe zu bestellen hat, erhält Gelegenheit, sich auf seine Rolle zunächst in seiner Gruppe vorzubereiten, bevor er dann mit seinem Ansprechpartner (Kursleiter oder sachkundiger Kursteilnehmer) den von allen Gruppen gewünschten Programmpunkt auszuhandeln beginnt.

27

NIVEAU: ✶✶ bis ✶✶✶

LERNZIELE: Wortschatzwiederholung, Dienstleistungsgespräche führen

MATERIAL: Speisekarte, Ansichtskarten, Briefmarken, Souvenirs, russisches Geld, Gesprächsführer

VORBEREITUNG:

Richten Sie vor Unterrichtsbeginn für je 2 bis 4 Kursteilnehmer eine Übungsstation ein. Legen Sie dazu auf die entsprechenden Tische Requisiten und ein Blatt mit den Aufgaben für die jeweilige Station (vgl. Beispiel unten).

UNTERRICHTSVERLAUF:

1. Sagen Sie den Kursteilnehmern, sie möchten sich vorstellen, sie wären als Praktikanten bzw. Touristen im Sankt Petersburger Hotel „Ochtinskaja" untergebracht.

2. Teilen Sie zunächst den „Touristen" mit, daß der Vormittag für sie zur freien Verfügung steht. Überreichen Sie jedem ein Arbeitsblatt und empfehlen Sie ihnen, sich mit ihrem Hotel und der näheren Umgebung vertraut zu machen. Weisen Sie danach die „Praktikanten" in ihre Aufgaben ein, und zeigen Sie ihnen ihren Wirkungsbereich.

3. Geben Sie nun den „Paktikanten" und „Touristen" Gelegenheit, für sie wichtige Wörter und Wendungen (im Lehrbuch oder Gesprächsführer) nachzuschlagen.

4. Verteilen Sie die „Touristen" auf die Übungsstationen, wo sie mit den Angestellten bzw. einer Petersburgerin zusammentreffen. Legen Sie die Aufenthaltsdauer an jeder Station fest.

5. Die „Touristen" wechseln jeweils nach Ablauf der Aufenthaltsdauer in vorher festgelegter Reihenfolge zur nächsten Station, bis sie alle durchlaufen haben.

Station 1: В гостинице

Поговорите с дежурной по этажу. Скажите, например, что в вашем номере что-то не работает. Попросите исправить. Узнайте о разных видах услуг в гостинице.

Station 2: В буфете

Закажите что-нибудь на завтрак.

Station 3: В ресторане

Возьмите на обед различные блюда и напитки.

Station 4: На улице

Поговорите с петербуржкой. Узнайте дорогу к нужной вам цели.

Station 5: На почте

Поговорите со служащим. Купите, например, открытки с видами и почтовые марки. Узнайте, где и как можно позвонить, отправить телеграмму и сколько это стоит.

Station 6: В магазине

Попросите показать интересующий вас сувенир. Узнайте цену и купите.

28

NIVEAU: ✶✶ bis ✶✶✶
LERNZIELE: Grammatikwiederholung, Textproduktion
MATERIAL: Dominokarten

VORBEREITUNG:

Kopieren Sie die Dominokarten auf S. 45 für jede Spielgruppe, schneiden Sie sie aus, und kleben Sie sie auf Kärtchen.

UNTERRICHTSVERLAUF:

1. Spielen Sie Domino in Gruppen zu viert. Jeder Spieler erhält vier Karten. Die übrigen Karten liegen verdeckt auf einem Stapel. Der erste Spieler legt eine oder auch mehrere miteinander kombinierbare Karten aus. Die folgenden Spieler legen ihre dazu passenden Karten an. Wer keine Karte anlegen kann, muß weitere Karten aufnehmen, bis er eine passende gefunden hat. Die Restkarten werden aufgedeckt und gemeinsam angelegt.

2. Lassen Sie die Gruppen zu einem vorgegebenen oder freien Thema bzw. zu einem Foto Geschichten schreiben, in denen wenigstens fünf der angelegten präpositionalen Fügungen in beliebiger Anordnung vorkommen müssen. Dort, wo einzelne Substantive nicht zum jeweiligen Thema zu passen scheinen, können sie durch andere ersetzt werden, die sich besser in das Konzept einfügen.

3. Die Geschichten werden vorgelesen und besprochen.

VARIANTEN:

1. Es werden Dominokarten mit Zahlwörtern und Substantivformen ausgelegt, die aufgrund ihrer Rektion bzw. Form miteinander kombinierbar sind, z.B.:

| фломастеров | четыре |, | ручки | пять |,

| карандашей | одна |, | резинка | много | usw.

Daraus entsteht anschließend die schriftliche Vorlage für ein zu dramatisierendes Einkaufsgespräch.

2. Es werden Dominokarten mit Personalpronomen oder Substantiven im Nominativ und Verbformen im Präsens oder Präteritum ausgelegt, die sich aufgrund ihrer Kongruenz miteinander kombinieren lassen, z.B.:

| интересуюсь | мы |, | играем | вы |, | смотрите | я |,

| фотографирую | они |, | поехали | он |,

| осмотрел | она |, | увидела | они | usw.

Diese Wortgruppen dienen im weiteren als Grundlage für einen Gedankenaustausch über die Freizeitgestaltung bzw. über einen Wochenendausflug.

маме	рядом с
бабушкой	у
брата	об
Алексее	за
дедушкой	перед
сестрой	с
папой	слева от
дяди	в
середине	на
балконе	под
Москвой	недалеко от
реки	в
доме	напротив
почты	между
деревьями	на

террасе	после
обеда	в
воскресенье	в
июле	во время
отпуска	над
домом	в
комнату	справа от
двери	у
окна	рядом с
шкафом	на
столе	над
тахтой	к
стенке	за
столом	о
фильме	к

© Ernst Klett Verlag für Wissen und Bildung GmbH, Stuttgart 1996. Alle Rechte vorbehalten. (Vervielfältigung zum Unterrichtsgebrauch gestattet)

29

NIVEAU: ✶✶ bis ✶✶✶

LERNZIELE: Verbalaspekte, Handlungen beschreiben

MATERIAL: Arbeitsblatt, Gegenstände

VORBEREITUNG:

Ordnen Sie auf einem Arbeitsblatt mehreren deutschsprachigen Situationsbeschreibungen je zwei Äußerungen zu, deren Wortlaut sich jeweils nur durch die Aspektwahl unterscheidet (vgl. Beispiel unten).

UNTERRICHTSVERLAUF:

1. Veranschaulichen Sie den Kursteilnehmern an Beispielen, wie Aspektfehler zu Mißverständnissen führen können. Schlagen Sie ihnen vor, sich selbst in der richtigen Aspektwahl zu testen.

2. Fordern Sie die Kursteilnehmer auf, von genannten Verben den Aspekt zu bestimmen und den fehlenden Aspektpartner zu ergänzen.

3. Schicken Sie zwei Kursteilnehmer kurzzeitig aus dem Unterrichtsraum. Nehmen Sie oder die im Raum verbliebenen Mitschüler dort in dieser Zeit eine Veränderung vor. Nachdem die Lerner den Raum wieder betreten haben, ist von ihnen im Wechsel zu erraten, was sich im Raum verändert hat. Soweit erforderlich, sollte geklärt werden, daß in den Behauptungen bzw. Entscheidungsfragen die Verben im vollendeten Aspekt zu verwenden sind, z.B. Вы взяли что-то со стола./? Вы положили что-то на стол./? Вы положили что-то в мою сумку./?

Lösen die beiden Kursteilnehmer ihre Aufgabe nicht, dürfen ihnen die anderen Lerner einen Hinweis geben, worauf sie besonders achten sollten: Обратите внимание на ... . Посмотрите на ... . Изменение касается (чего).

4. Legen Sie nun den Kursteilnehmern das Arbeitsblatt vor, und lassen Sie sie jeweils die russische Äußerung ankreuzen, die der deutschsprachig geschilderten Situation entspricht.

5. Die angekreuzten Äußerungen werden vorgelesen, die Aspektwahl wird im Bedarfsfall begründet.

Beispiel:

1. Der Zeuge will zu verstehen geben, daß das Fenster bereits offen war, als es klingelte:

а: Звонок раздался, когда я открыл окно.
б: Звонок раздался, когда я открывал окно.

2. Der Zeuge will betonen, daß die beschriebenen Handlungen gleichzeitig abliefen:

а: Я закрыл окно, когда я увидел, как мой брат подошёл к нашему дому.

б: Я закрывал окно, когда я видел, как мой брат подходил к нашему дому.

3. Der Zeuge will sagen, daß er gerade dabei war, einen Brief zu schreiben, als der Dieb kam:

а: Я написал письмо, когда вор пришёл.
б: Я писал письмо, когда вор пришёл.

4. Der Zeuge sagt aus, daß die Oma sich während des Diebstahls einen Film angesehen hat:

а: Во время воровства бабушка посмотрела фильм.

б: Во время воровства бабушка смотрела фильм.

30

NIVEAU: ✶✶ bis ✶✶✶

LERNZIELE: Imperativformen, Aufforderungen und Wünsche verstehen und formulieren

MATERIAL: Speisekarte, Merkzettel

VORBEREITUNG:

Richten Sie im Unterrichtsraum mit Hilfe der Kursteilnehmer einen Stand mit russischen Souvenirs ein.

UNTERRICHTSVERLAUF:

1. Wiederholen Sie Formen und Gebrauch des Imperativs der Verben, indem Sie die Kursteilnehmer auf Fragen, ob etwas Bestimmtes gestattet ist, mit einer entsprechenden Aufforderung reagieren lassen, z.B. Это ваша гостиница. Можно вам помочь? -Пожалуйста, помогите. Ebenso: Можно показать вам лифт? Здесь тепло. Можно открыть окно? Радио работает? Можно включить его? Можно пригласить вас на ужин? Можно заказать стол на террасе? Эти места свободны? Можно сесть? Можно принести меню? usw. Lernende mit Unsicherheiten beim Bilden der Imperativformen sollten kommentieren, wie sie dabei vorgehen.

2. Fordern Sie die Kursteilnehmer auf, sich mit Aufforderungen und Wünschen an den Etagenservice ihres Hotels zu wenden, z.B. Дайте мне, пожалуйста, мой ключ от номера. У меня нет тёплой воды. Вызовите монтёра. Разбудите меня, пожалуйста, ... Простите, вы не скажете, ...? Извините, вы не знаете, ...? Für den Fall, daß den Kursteilnehmern die Ideen ausgehen, können Sie Stichworte für Aufträge auf Zettel schreiben, z.B. заказать билеты в театр oder окно не закрывается, und sie besonders zurückhaltenden Lernenden aushändigen.

3. Teilen Sie mit, daß jemand alle zum Mittagessen ins Hotelrestaurant eingeladen hat. Bitten Sie die Kursteilnehmer, in Gruppen zu viert an den Tischen Platz zu nehmen, sich die ausliegende Speisekarte anzusehen, auf bestimmte Speisen und Getränke aufmerksam zu machen und tischweise über die Bestellungen zu verständigen. Jeweils einer am Tisch erhält den Auftrag, den Kellner (Kursteilnehmer) zu rufen und bei ihm alle Bestellungen aufzugeben.

4. Machen Sie den Vorschlag, sich nach dem Mittagessen über das Angebot an Souvenirs im Hotel zu informieren und Kaufwillige beim Einkauf zu beraten. Die Einkaufsgespräche können auf Wunsch in der Gruppe vorbereitet werden, indem sich die Kursteilnehmer über mögliche Kaufwünsche klar zu werden versuchen, diese und ihre Aufträge auf einem Zettel vermerken, im Bedarfsfall wichtige Wörter und Wendungen gemeinsam zusammentragen und notieren.

31

NIVEAU: ✶✶ bis ✶✶✶

LERNZIELE: Sachverhalte hören und verstehen, Phantasievorstellungen beschreiben

MATERIAL: Karten mit Haupt- und konditionalen Nebensätzen sowie mit Sprechaufgaben

VORBEREITUNG:

Schreiben Sie die Haupt- und die Nebensätze von 8 Konditionalsätzen mit Prädikaten im Konjunktiv auf jeweils getrennte Karten. Kopieren Sie für jede Gruppe einen Satz dieser Karten, und verteilen Sie sie so, daß stets verschiedene Gruppenmitglieder die zusammengehörigen Haupt- und Nebensätze erhalten.

UNTERRICHTSVERLAUF:

1. Immer vier Beteiligte bilden eine Gruppe. Jeder bekommt vier Karten. Eine(r) aus der Gruppe liest einen Haupt- oder Nebensatz vor, z.B. Если бы я был/а дома, ... Wer den vorgetragenen Teilsatz ergänzen kann, liest ihn von seiner Karte ab, z.B. ..., я помогла бы тебе, bekommt bei richtiger Zuordnung von seinem Mitspieler die dazu passende Karte und legt beide Karten aus. Reagiert niemand, trägt der nächste Spieler einen Haupt- oder Nebensatz vor. Wird dem Teilsatz ein nicht dazu passender zugeordnet, darf der erste Spieler vom zweiten eine Karte ziehen.

2. Die Karten mit den Nebensätzen werden in jeder Gruppe eingesammelt, gemischt und danach erneut unter den vier Gruppenmitgliedern gleichmäßig verteilt. In jeder Gruppe liest nun im Wechsel einer einen Nebensatz vor, der von den anderen in möglichst vielen Varianten frei zu vervollständigen ist, z.B. Если бы я был/а дома, я помогла бы тебе. ..., ты получил бы деньги. ..., мы говорили бы о твоих проблемах.

3. Geben Sie in jede Gruppe bis zu drei Aufgabenkarten, die die Kursteilnehmer dazu anregen sollen, sich mit ihren Vorstellungen in ungewöhnliche Situationen zu versetzen und sich möglichst mit mehreren Sätzen dazu zu äußern, was sie unter den beschriebenen Umständen tun würden.

Beispiele: Расскажите, пожалуйста, об этом, что вы бы сделали, если бы вы выиграли 100 000 марок в лотто/... вы были вместо главы мирового правительства/... вы были свидетелем преступления.

4. Ermuntern Sie die Lernenden nun dazu, sich selbst in ihrer Gruppe nicht alltägliche Situationen auszudenken, diese zu beschreiben und sich gegenseitig darüber auszutauschen, wie sie sich unter den jeweiligen Umständen verhalten würden. Lassen Sie die Lerner über die geäußerten Ideen diskutieren.

32

NIVEAU: ✶✶ bis ✶✶✶

LERNZIELE: landeskundliche Informationen, verstehendes Lesen, Fragen beantworten, Kartengruß schreiben

MATERIAL: Arbeitsblatt mit Fotos, Bildkommentaren und Auswertungsschema (S. 50)

VORBEREITUNG:

Kopieren Sie das Arbeitsblatt auf S. 50

UNTERRICHTSVERLAUF:

1. Geben Sie den Kursteilnehmern Gelegenheit, die Texte zu den Fotos still zu lesen. Jeder Text ist einem Foto zuzuordnen. Die dazugehörige Textnummer wird in das Auswertungsschema unter dem entsprechenden Großbuchstaben eingetragen.

2. Ermutigen Sie die Kursteilnehmer, sich bei Verständnisschwierigkeiten an ihren Nachbarn um Hilfe zu wenden. Bei unterschiedlichen Zuordnungen von Texten zu Abbildungen überprüfen beide Tischnachbarn ihre Entscheidung, korrigieren sie oder versuchen, den anderen von der Richtigkeit der eigenen Entscheidung zu überzeugen. Dort, wo keine Einigung erreicht wird, holen sich die Lernenden bei anderen Kursteilnehmern Rat.

3. Sichern Sie die notwendige Rückkopplung für die Zuordnungen, indem Sie zu den Abbildungen Fragen stellen und diese beantworten lassen.

4. Teilen Sie die Kursteilnehmer in drei Gruppen ein, und fordern Sie jede Gruppe auf, zu drei unterschiedlichen Fotos die Bildkommentare zu ergänzen. Im Bedarfsfall können auch Fragen zu einzelnen Details auf den Abbildungen gestellt werden.

5. Regen Sie die Gruppen an, sich ein Foto auszusuchen und aus dem gewählten Ort einen Urlaubsgruß an eine andere Gruppe zu schreiben.

Lösung:

А - 2, Б - 4, В - 3, Г - 5, Д - 1, Е - 8, Ж - 7, З - 9, И - 6.

А 

Б 

В 

Г 

Д 

Е 

Ж 

З 

И 

1. Московский Кремль - сердце русской столицы. Он был основан в 1156 году. На территории Кремля находятся прекрасные церкви, соборы и дворцы.

2. Этот памятник стоит на Неве. Он подарок Екатерины II. городу Петербургу. Русская царица посвятила памятник основателю ”Северной Венеции“.

3. Софийский собор считается символом одного из самых старых городов всей России. Он находится на территории новгородского кремля.

4. Это бывшая летняя резиденция русских царей. Петергоф расположен приблизительно в 35 км от Санкт-Петербурга. Его центром является Большой дворец с Большим каскадом, морским каналом и аллеей 64 фонтанов.

5. Сергиев Посад (с 1930 по 1990 г. Загорск) - крупный туристский центр. Аттракционом является Троице-Сергиевская лавра. В этом монастыре можно осмотреть коллекции икон Рублёва и других русских художников.

6. Этот памятник-ансамбль участникам Сталинградской битвы находится в Волгограде. Он напоминает о героях-защитниках города и о жертвах второй мировой войны.

7. Самоварной столицей России считается город Тула. Он расположен южнее Москвы. Мастера этого города придумали всем известный сегодня самовар.

8. В Воронеже были построены первые русские корабли. Успенский собор на берегу Воронежского моря напоминает о строительстве военно-морского флота под руководством царя Петра I..

9. Этот дом - музей с 1928 года. Он находится в Ясной Поляне недалеко от Тулы. В этом доме родился, жил и работал Лев Толстой. Здесь он написал романы ”Война и мир“ и ”Анна Каренина“.

Bild	А	Б	В	Г	Д	Е	Ж	З	И
Text									

© Ernst Klett Verlag für Wissen und Bildung GmbH, Stuttgart 1996. Alle Rechte vorbehalten. (Vervielfältigung zum Unterrichtsgebrauch gestattet)

33

NIVEAU: ✶✶ bis ✶✶✶

LERNZIELE: Fragen stellen, verstehen und beantworten; Notizen anfertigen

MATERIAL: Stichpunktzettel

UNTERRICHTSVERLAUF:

1. Machen Sie Ihren Kursteilnehmern klar, wie wichtig es ist, zum richtigen Zeitpunkt die richtigen Fragen stellen zu können, wenn man Kontakte anbahnen oder ein begonnenes Gespräch in Gang halten möchte. Schlagen Sie vor, daß sich jeder auf russisch darin teste. Eine gute Möglichkeit biete sich dafür in einem Rollenspiel, in dem eine Kontaktperson gesucht werde.

2. Teilen Sie die Lernenden für dieses Rollenspiel in Gruppen (4 - 6 Personen) ein. Fordern Sie jedes Gruppenmitglied auf, auf einen Zettel fiktive Angaben über Alter, Größe, Figur, Arbeitsstelle, Beruf, Hobby, Lebenstraum und Lieblingssportart sowie den eigenen Decknamen zu schreiben und sich diese Daten fest einzuprägen.

3. Sammeln Sie die ausgefüllten Stichpunktzettel ein, und verteilen Sie sie neu. Sagen Sie den Lernern, daß sie zu einer ihnen unbekannten Kontaktperson Verbindung aufnehmen sollen. Diese ist daran erkennbar, daß sie auf Fragen mit jenen Angaben antwortet, die der jeweilige Lerner zuvor auf seinen Zettel geschrieben hat.

4. Ermuntern Sie die Kursteilnehmer, ihre Kontaktperson ausfindig zu machen. Jeder darf in jeder Runde an einen beliebigen Mitspieler eine Frage stellen. Diese muß mit den Angaben auf dem erhaltenen Zettel beantwortet werden. Sobald jemand glaubt, seine Kontaktperson zu erkennen, darf er sie mit ihrem Decknamen anreden und sich durch mehrere Fragen darüber Gewißheit verschaffen, ob seine Vermutung richtig war. Bei Anrede mit einem falschen Decknamen ist es dem Angesprochenen erlaubt, mit anderen Angaben als denen auf seinem Zettel zu antworten und so seinen Gespächspartner zu täuschen.

5. Nach vier bis sechs Fragen jedes Kursteilnehmers wird die Befragung beendet, und jeder aus der Gruppe teilt den anderen mit, wen er für seine Kontaktperson hält. Er sollte seine Vermutung möglichst begründen und darf dafür seine Notizen benutzen.

Beispiel: Gesucht wird jemand mit dem Decknamen „старик“:

Alter:	28 лет
Größe:	высокого роста
Figur:	нормальная фигура
Arbeitsstelle:	завод электротехники
Beruf:	инженер
Hobby:	собирать почтовые марки
Lebenstraum:	яхта
Lieblingssportart:	дзюдо
Deckname:	старик

Mögliche Fragen: Сколько вам лет? Вы среднего роста? У вас нормальная фигура? Где вы работаете? Кем вы работаете/Кто вы по профессии? Какое у вас хобби?/Чем вы занимаетесь в свободное время? О чём вы мечтаете? (О яхте) Старик/дяденька, какой вид спорта вы особенно любите?

34

NIVEAU: ✶✶ bis ✶✶✶

LERNZIELE: Entscheidungs- und Bestimmungsfragen stellen und verstehen, landeskundliche Informationen

MATERIAL: Folie mit Wortschatz über Literatur, Arbeitsblatt mit Quiz, Texte über russische Schriftsteller, Fotos

VORBEREITUNG:

Halten Sie Texte über die zu behandelnden russischen Schriftsteller des 19. Jahrhunderts bereit. Stellen Sie an der Tafel oder auf Folie nach Sachgruppen geordneten Wortschatz zur Literatur und auf einem Arbeitsblatt einen Quiz über die russische Literatur des 19. Jahrhunderts zusammen.

UNTERRICHTSVERLAUF:

1. Machen Sie an der Tafel oder am Overheadprojektor unten aufgeführte Wortreihen sichtbar, und klären Sie die Bedeutung der unbekannten Wörter.

2. Rufen Sie den Kursteilnehmern die Namen von Puschkin, Gogol, Lermontow, Turgenjew, Dostojewski und Tschechow zu, und lassen Sie sie dem betreffenden Schriftsteller aus jeder Wortreihe ein Stichwort zuordnen und dieses nennen oder dazu einen Gedanken äußern.

3. Teilen Sie die Kursteilnehmer in Gruppen zu dritt oder zu viert ein, und schlagen Sie ihnen vor, sich anhand eines Textes mit dem Leben und Schaffen je eines russischen Schriftstellers des 19. Jahrhunderts zu beschäftigen, in seine Rolle zu schlüpfen und sich den anderen Gruppen in dieser Rolle vorzustellen, ohne den Namen zu nennen. Aus jeder Gruppe sollte diese Rolle derjenige übernehmen, der sie in der Gruppe am überzeugendsten gespielt hat.

4. Nach 2-3 Sätzen zur Person erhalten die Zuhörer der anderen Gruppen die Aufgabe, mit Hilfe von Entscheidungsfragen zu erraten, welchen russischen Schriftsteller ihr Gesprächspartner darstellt.

5. Regen Sie an, die von den Gruppen verkörperten „Schriftsteller“ zu einem Podiumsgespräch einzuladen und dort gemeinsam zu interviewen. Aus jeder Gruppe werden Fragen gestellt.

6. Motivieren Sie die Kursteilnehmer, sich an einem Quiz über russische Schriftsteller des 19. Jahrhunderts zu beteiligen, und händigen Sie ihnen dafür die vorbereiteten Arbeitsblätter aus.

литераторы:	поэт, лирик, писатель, прозаик, драматург, критик, публицист
литература:	стихи, роман, рассказ, сказка, пьеса, драма, комедия, трагедия
произведения:	”Евгений Онегин“, ”Смерть поэта“, ”Ревизор“, ”Братья Карамазовы“, ”Записки охотника“, ”Три сестры“, ”Анна Каренина“
проблемы:	политические, философские, психологические, социальные
темы:	роль женщины, борьба декабристов, жизнь маленьких людей, родина, природа

35

NIVEAU: ✶✶ bis ✶✶✶

LERNZIELE: Kasusgebrauch der Substantive, Äußerungen formulieren, begründen und verstehen

MATERIAL: Zeichnungen von Personen und Autos auf einem Arbeitsblatt (S. 54)

UNTERRICHTSVERLAUF:

1. Verteilen Sie die von Ihnen kopierten Arbeitsblätter an die Kursteilnehmer, und schlagen Sie den Lernern je nach Größe des Kurses vor, in Dreier- oder Vierergruppen zusammenzuarbeiten.

2. Geben Sie den Gruppen Gelgenheit, sich die Zeichnungen auf dem Arbeitsblatt anzusehen. Bitten Sie sie, sich nach kurzer Verständigung für jeweils eine Person und ein Auto zu entscheiden, über die sie sich unterhalten möchten.

3. Lassen Sie die Gruppen u.a. über Alter, Größe und Beruf der dargestellten Person sowie über Länge, Höchstgeschwindigkeit und Verbrauch des abgebildeten Autos diskutieren, von jedem in der Gruppe diese Sachverhalte möglichst genau angeben, sich in der weiteren Diskussion dabei auf schon geäußerte Aussagen beziehen, davon abweichende Meinungen evtl. begründen, sich nach Möglichkeit auf bestimmte Angaben einigen und diese notieren, z.B.
- Женщине (приблизительно) ... год/а/лет.
- Смотри, как она выглядит. По-моему, она на ... год/а/лет моложе/старше. Я даю ей ... .
- Вы правы. / Я не вашего мнения, она ... .
- Эта женщина среднего роста. Её рост ... сантиметр/а/ов.
- Нет, вы ошибаетесь. Она (на ... см) меньше/выше.
- Поговорим о профессии. Трудно определить, кем она работает. Может быть, она ... .
- Нет, она работает не ..., а ... . Это я вижу по ... .
- Это автомашина (западной) марки. Её строят в ... . Длина - ... метр/а/ов.
- Максимальная скорость ... км в час. Расход бензина ... литр/а/ов.
- Вы хорошо знаете ... . У вас ... есть?

4. Regen Sie nach Einigung auf einen gemeinsamen Standpunkt eine Diskussion darüber an, wer von den Personen welches Auto fährt. Lassen Sie die Kursteilnehmer bzw. Gruppen ihre Meinung begründen.

5. Ermuntern Sie die Lerner, sich zu dem Thema ”Автомашина - люксовый предмет или изделие повседневного спроса?“ zu äußern.

© Ernst Klett Verlag für Wissen und Bildung GmbH, Stuttgart 1996. Alle Rechte vorbehalten. (Vervielfältigung zum Unterrichtsgebrauch gestattet)

36

NIVEAU: ✶✶ bis ✶✶✶

LERNZIELE: Komparativ der Adjektive und Adverbien, Städtebeschreibungen verstehen und erstellen

MATERIAL: Arbeitsblatt mit vergleichbaren Angaben zu mehreren Städten, Dias, Landkarte

UNTERRICHTSVERLAUF:

1. Bieten Sie Komparativformen von behandelten Adjektiven und Adverbien dar, und fordern Sie die Kursteilnehmer auf, dazu die Entsprechungen mit entgegengesetzter Bedeutung zu nennen bzw. aufzuschreiben und vorzulesen, z.B. новее - ..., глупее - ..., быстрее - ..., выше - ..., меньше - ..., хуже - ..., тише - ..., дешевле - ..., раньше - ..., уже - ...

2. Teilen Sie die Kursteilnehmer in Vierergruppen ein, und tragen Sie ihnen die Beschreibung einer Stadt vor, indem Sie diese mit einer allen Kursteilnehmern gut bekannten Stadt vergleichen und dabei bestimmte Unterschiede in Alter, Größe, Bekanntheitsgrad sowie in den Eigenschaften bestimmter Bauwerke und Einrichtungen mit Hilfe von zuvor wiederholten Komparativformen hervorheben. Der Name der so beschriebenen Stadt bleibt ungenannt. Geben Sie ihn nur dann bekannt, wenn alle Gruppen die vorgestellte Stadt erkannt haben.

3. Hat wenigstens eine Gruppe die Stadt nicht richtig identifiziert, zeigen Sie an der Landkarte auf drei bis vier Städte, darunter auf die zu erratende Stadt und wiederholen Ihre Beschreibung. Gruppen, die sich danach korrigieren möchten, dürfen den entsprechenden Namen auf ihrem Zettel ändern. Geben Sie nun den Namen preis.

4. Stellen Sie jeder Gruppe die Aufgabe, eine bekannte Stadt vorzustellen, während des Vortrags ggf. Bilder zu zeigen, die nicht genannte Stadt mit einem anderen allen gut bekannten Ort sowie bestimmte Bauwerke in beiden Städten miteinander zu vergleichen. Die Gruppen dürfen sich für ihren Vortrag Notizen machen.

5. Jede Gruppe trägt ihre Beschreibung vor und läßt die anderen Gruppen den Namen der betreffenden Stadt erraten, z.B. Наш город меньше Москвы, а больше Гамбурга. Он старше Норильска, а моложе Москвы. Он известнее Архангельска, а, наверно, не так известен как Москва. Его музеи мне нравятся лучше, чем музеи во всех других городах России. Его главная улица длиннее главной улицы в Москве.

6. Erzählen Sie abschließend den Kursteilnehmern, daß eine(r) von ihnen Post aus Rußland bekommen hat und sie den Absendeort erraten sollen, indem sie Ihnen Entscheidungsfragen stellen, in denen sie den gesuchten Ort mit einem anderen vergleichen, z.B. Город меньше / моложе / красивее Москвы?

37

NIVEAU: ✶✶ bis ✶✶✶

LERNZIELE: detailliertes Hören, Texte rekonstruieren

MATERIAL: Arbeitsblatt mit Lückentext

VORBEREITUNG:

Stellen Sie zwei Texte, z.B. zwei Wettervorhersagen, Nachrichtenmeldungen oder Tagesabläufe, zusammen, die sich nur in wenigen Details unterscheiden. Bereiten Sie auf dieser Grundlage ein Arbeitsblatt mit einem Lückentext vor, in dem jene Informationen ausgespart sind, die in beiden Hörtexten voneinander abweichen, z.B. Сегодня ... в Москве и Московской области сохранится ... погода, ... градусов, по области даже ... градусов, в отдельных районах будет ..., ветер ..... Завтра днём местами ..., послезавтра ожидается ... погода.

UNTERRICHTSVERLAUF:

1. Lassen Sie sich Beispiele aus der Lebenspraxis für mündlich verbreitete Informationen nennen, bei denen es wichtig ist, jedes Detail möglichst genau und vollständig zu erfassen.

2. Fordern Sie die Kursteilnehmer auf, sich zwei Wettervorhersagen anzuhören und die Unterschiede zu notieren, z.B.

а) Сегодня днём в Москве и Московской области сохранится тёплая погода, 25 градусов, по области даже 30 градусов, в отдельных районах ожидается дождь, ветер слабый. Завтра днём местами будут осадки, послезавтра ожидается солнечная погода.

б) Сегодня ночью в Москве и Московской области сохранится прохладная погода, 5 градусов, по области даже 0 градусов, в отдельных районах будет снег, ветер сильный. Завтра днём местами без осадков, послезавтра ожидается солнечная погода.

3. Überprüfen Sie das Globalverständnis. Stellen Sie zur Wettervorhersage z.B. folgende Fragen: К какому сроку относится первая часть первого/второго прогноза? Какой прогноз прогнозирует лучшую погоду на завтра/послезавтра?

4. Teilen Sie das Arbeitsblatt aus, und lassen Sie die Kursteilnehmer paarweise den Lückentext mit Hilfe der eigenen Notizen rekonstruieren. Der eine Partner vervollständigt den ersten und der andere Partner den zweiten Text.

5. Geben Sie jedem Paar die Möglichkeit, die rekonstruierten Texte auszutauschen, offenbar nicht zutreffende Angaben mit einem Fragezeichen zu versehen, sich nach Rückgabe der Texte auf russisch mit dem Partner über dessen Anmerkungen zu verständigen und ggf. am eigenen Text Korrekturen vorzunehmen.

6. Bitten Sie abschließend zwei Kursteilnehmer, die Texte vorzutragen. Noch vorhandene Lükken können gemeinsam geschlossen, fehlerhafte Angaben berichtigt werden.

38

NIVEAU: ✶✶ bis ✶✶✶

LERNZIELE: lokale Präpositionen, detailliertes Hören, Diskussion

MATERIAL: Folie und Arbeitsblatt mit zwei Wohnungsgrundrissen

VORBEREITUNG:

Gestalten Sie ein Arbeitsblatt, auf dem der Grundriß eines Wohnungstyps zweimal dargestellt ist. Tragen Sie die Raumnutzungsarten auf einem Teil der Arbeitsblätter nur in den ersten und auf den anderen in den zweiten Grundriß ein.

UNTERRICHTSVERLAUF:

1. Erzählen Sie den Kursteilnehmern, daß zwei Familien den gleichen Wohnungstyp bewohnen, die Räume aber z.T. unterschiedlich nutzen. Beide Familien seien mit der eigenen Raumaufteilung nicht so recht zufrieden und hätten Sie deshalb um Rat gefragt.

2. Bitten Sie die Kursteilnehmer, sich in diese Diskussion „einzumischen". Teilen Sie die Kursteilnehmer in zwei Gruppen. Jede Gruppe informiert sich zunächst über die Raumaufteilung in „ihrer" Familie, beschreibt dann in der Gruppe die Lage der einzelnen Räume und macht sich dabei Notizen für eine Beschreibung der gesamten Wohnung. Greifen Sie in die Gruppenarbeit bei Bedarf helfend ein.

3. Schlagen Sie vor, mit beiden Gruppen gemeinsam nach einer günstigen Raumaufteilung und -nutzung für die zwei Familien zu suchen. Fordern Sie dazu je einen Vertreter aus beiden Gruppen auf, die derzeitige Raumaufteilung zusammenhängend zu beschreiben. Die jeweiligen Gruppenmitglieder ergänzen bei Bedarf die Beschreibung und beantworten Fragen der anderen Gruppe. Diese trägt während der Beschreibung in ihren noch unbeschrifteten Grundriß die Nutzungsart der Räume ein. Zur Selbstkontrolle für die Zuhörer können Sie den Grundriß mit den Raumbezeichnungen auf einer Folie darbieten.

4. Geben Sie den Gruppen Gelegenheit, die Raumaufteilung in beiden Wohnungen zu vergleichen, die vermeintlichen Vorzüge und Nachteile darzustellen, Vorschläge für eine Umnutzung einzelner Räume zu unterbreiten und diese zu diskutieren, z.B. Мне (не) нравится планировка этой квартиры. Лучше было бы, если бы находился/ находилась ... . Эта комната для ... слишком мала/велика. Лучше всего я хочу обменять ... на ..., потому что ... . Об этом не может быть и речи! Это хорошая/плохая идея.

5. Regen Sie an, in jeder Gruppe die Raumaufteilung und -nutzung der betreffenden Wohnung weiter zu besprechen, sich dort u.U. auf eine neue Raumaufteilung zu einigen und die Veränderungen am Grundriß auf der Folie darzustellen und zu erläutern.

39

NIVEAU: ✶✶ bis ✶✶✶

LERNZIELE: Zimmereinrichtungen beschreiben, detailliertes Hören, Vorschläge diskutieren

MATERIAL: Arbeitsblatt mit den Grundrissen eines eingerichteten und nicht eingerichteten Zimmers, Hafttafel, Möbelapplikationen

VORBEREITUNG:

Gestalten Sie für jeweils die Hälfte der Kursteilnehmer ein Arbeitsblatt: a) mit den Grundrissen eines eingerichteten Schlafzimmers und eines uneingerichteten Kinderzimmers, b) mit den Grundrissen eines uneingerichteten Schlafzimmers und eines eingerichteten Kinderzimmers. Das Kinderzimmer sollte jeweils kleiner als das Schlafzimmer sein.

UNTERRICHTSVERLAUF:

1. Wiederholen Sie mit den Kursteilnehmern die russischen Bezeichnungen für Möbel. Erzählen Sie ihnen, daß Sie ein neues Möbelstück für das Kindezimmer gekauft haben. Das Möbelstück soll erraten werden, z.B. Это ...? Вы купили ...?

2. Regen Sie die Kursteilnehmer an, sich paarweise zusammenzusetzen. Teilen Sie an alle Paare (bis auf das am vordersten Tisch) die für beide Partner unterschiedlichen Arbeitsblätter aus. Sagen Sie den Kursteilnehmern, jeder möchte sich vorerst nur sein Arbeitsblatt (nicht aber das des Nachbarn) ansehen und die darauf abgebildete Zimmereinrichtung still für sich beschreiben.

3. Rufen Sie den ersten Partner des Paares am vorderen Tisch an die verdeckte Seite der Hafttafel, und lassen Sie ihn mit Hilfe bereitgestellter Bildapplikationen das eingerichtete Schlafzimmer möblieren. Ein oder mehrere Kursteilnehmer, die dieses Zimmer auf ihrem Arbeitsblatt vor sich haben, geben dazu die erforderliche Beschreibung. Kursteilnehmer, die das andere Arbeitsblatt erhalten haben, zeichnen die fehlenden Möbel an der entsprechenden Stelle in den leeren Grundriß ein. Anschließend wird verglichen und korrigiert. Danach erfolgt die Beschreibung des Kinderzimmers in gleicher Weise.

4. Machen Sie den Paaren den Vorschlag, Kinder- und Schlafzimmer zu tauschen. Jedes Paar erhält den Auftrag, die entsprechenden Zimmer umzugestalten. Lassen Sie beide Partner Vorschläge machen und sich in der Diskussion auf eine gemeinsame Lösung einigen. Gehen Sie während der Diskussion von Paar zu Paar, und geben Sie im Bedarfsfall Wortschatz- und Formulierungshilfen.

5. Geben Sie Paaren, die das wünschen, die Gelegenheit, den anderen ihre neue Zimmereinrichtung vorzustellen, und bitten Sie jeweils einen Kursteilnehmer, eines der Zimmer an der Hafttafel entsprechend umzuräumen. Nach der Darstellung von zwei Vorschlägen an der Hafttafel kann sich ein Meinungsaustausch über beide Lösungen anschließen, in dessen Verlauf weitere Umräumungsvorschläge gemacht werden können.

40

NIVEAU: ✶✶ bis ✶✶✶

LERNZIELE: detailliertes Hören, über eigene Reisen berichten

MATERIAL: Arbeitsblatt mit Reiseroute und Platz für Tagebuchnotizen, Fotos

VORBEREITUNG:

Bereiten Sie für alle Kursteilnehmer ein Arbeitsblatt vor. Kopieren Sie die Reiseroute auf S. 60, und lassen Sie anstelle des abgedruckten Textes freien Raum für Notizen der Lerner.

Zeichnen Sie außerdem die Reiseroute an die Hafttafel, und befestigen Sie neben jeder Stadt jeweils mehrere Bildapplikationen.

UNTERRICHTSVERLAUF:

1. Erzählen Sie den Kursteilnehmern, daß Sie eine Städtereise durch Rußland unternommen haben, über die Sie berichten werden (Beispieltext S. 60). Verteilen Sie an jeden Lernenden ein Arbeitsblatt, und rufen Sie einen Kursteilnehmer an die Hafttafel. Bitten Sie Ihre Zuhörer, die Reiseziele und Sehenswürdigkeiten, die im Vortrag erwähnt werden, auf dem Arbeitsblatt zu unterstreichen bzw. die Städte an der verdeckten Hafttafel einzukreisen und die zu ihnen gehörigen Sehenswürdigkeiten um sie herum anzuordnen. Nach Beendigung des Vortrages lassen Sie die Zuhörer auf der zweiten Hälfte des Arbeitsblattes Tagebuch über Höhepunkte der Reise führen. Bei Bedarf können Sie den Vortrag auch in mehrere Abschnitte unterteilen und nach jedem Abschnitt eine Pause für das Anfertigen der „Tagebuchnotizen" einlegen.

2. Lassen Sie die Kursteilnehmer ihre Eintragungen mit den Darstellungen an der Hafttafel vergleichen und ggf. notwendige Ergänzungen oder Korrekturen vornehmen.

3. Teilen Sie die Lernenden in Vierergruppen, und fordern Sie jedes Gruppenmitglied auf, den anderen seine Eindrücke über eines der Reiseziele mitzuteilen. Dabei darf das Arbeitsblatt benutzt werden. An die Schilderungen kann sich ein Gespräch über die jeweilige Stadt anschließen, in dem auch über die zusätzlich in das Arbeitsblatt aufgenommenen Sehenswürdigkeiten gesprochen werden sollte.

4. In leistungsstarken Kursen erhalten die Gruppen abschließend die Aufgabe, nach gemeinsamer Erarbeitung eines Redeplanes und wichtiger Wörter und Wendungen über selbst erlebte Städtereisen zu berichten und die Fragen der Zuhörer zu beantworten.

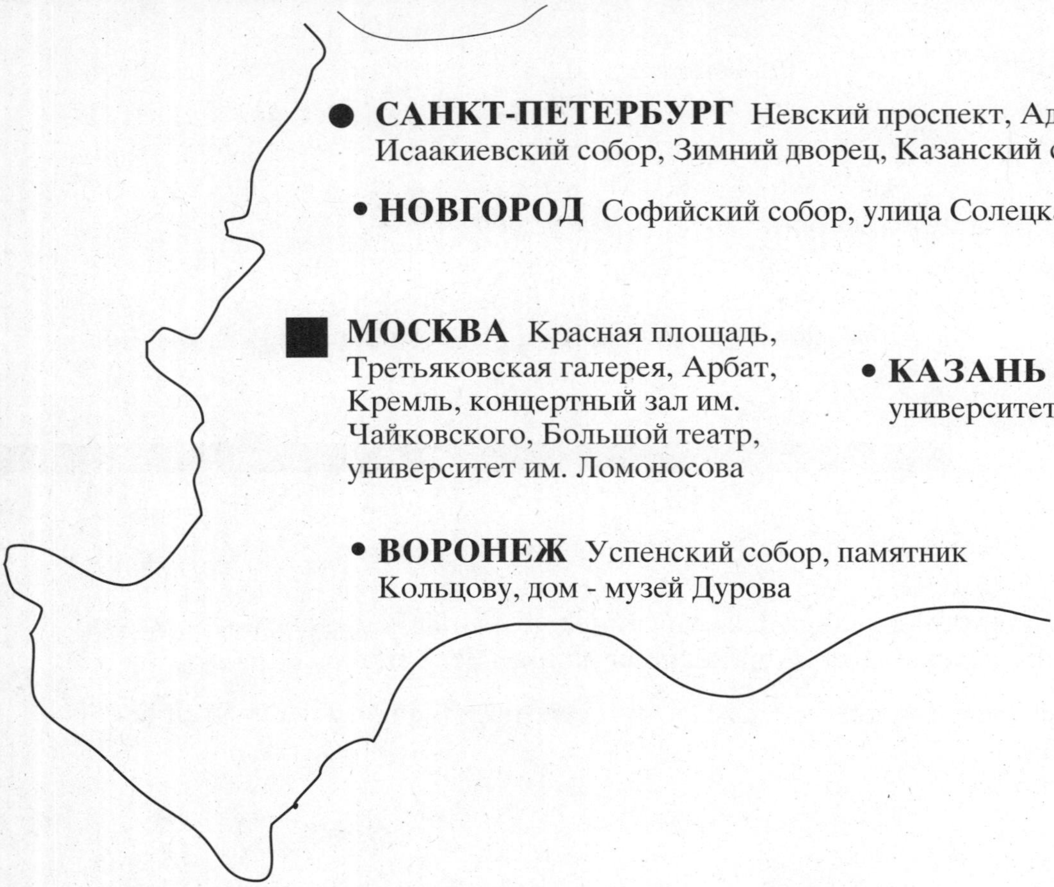

Мы начали своё путешествие по России в Северной Венеции. Так город на Неве называется своими любителями. В Санкт-Петербурге мы были в гостях во время белых ночей. Очень интересна для нас была экскурсия по городу на автобусе. Особенно мне понравились Зимний дворец и Исаакиевский собор. В Зимнем дворце раньше жили русские цари. Сейчас там находится известный музей ”Эрмитаж“. После экскурсии мы гуляли по главной улице Санкт-Петербурга с её многими магазинами, ресторанами, кафе и театрами. Длина Невского проспекта больше пяти километров. Вечером мы были на рок-концерте. На следующий день мы поехали на ракете в бывшую летнюю резиденцию русских царей, в Петергоф. Петергоф был построен по инициативе Петра Первого. Там есть 8 парков со многими фонтанами и 20 дворцов. Мы были в восторге от Петергофа.

От Санкт-Петербурга мы поехали на автобусе в один из самых старых городов России. Он расположен южнее Санкт-Петербурга на реке Волхов и на озере Ильмень. Вы знаете, какой город я имею в виду? Это, конечно, Новгород. Он был основан уже в девятом веке. Наш гид познакомил нас с кремлем и Софийским собором. Да, вы правильно слышали, и в Новгороде есть кремль. В Новгороде жили поэт Державин и композитор Рахманинов.

Из Новгорода мы поехали дальше в русскую столицу. Там мы жили в самой большой гостинице города, которая находится недалеко от Красной площади.
В Москве мы особенно интересовались Кремлем, Арбатом и университетом имени Ломоносова. В Большом театре мы посмотрели балет ”Лебединое озеро“ Чайковского.

© Ernst Klett Verlag für Wissen und Bildung GmbH, Stuttgart 1996. Alle Rechte vorbehalten. (Vervielfältigung zum Unterrichtsgebrauch gestattet)

41

NIVEAU: ✶✶ bis ✶✶✶

LERNZIELE: detailliertes Hören, Bilder beschreiben

MATERIAL: 4-6 sehr ähnliche Bilder, Folie mit Text der Beschreibung

UNTERRICHTSVERLAUF:

1. Befestigen Sie an der Hafttafel 4-6 sehr ähnliche Bilder zur gerade behandelten Unterrichtsthematik, oder verteilen Sie an die Kursteilnehmer ein Arbeitsblatt mit mehreren sich nur in wenigen Details voneinander unterscheidenden Abbildungen.

2. Geben Sie den Lernenden ausreichend Gelegenheit, sich die durchnumerierten Bilder genau anzusehen, sie miteinander zu vergleichen, bei Bedarf nach Details zu fragen, die sie russischsprachig nicht bezeichnen können oder die nur schlecht erkennbar sind.

3. Wählen Sie eines der Bilder aus, und beschreiben Sie es so detailliert, daß jeder Zuhörer es eindeutig identifizieren kann.

4. Lassen Sie die Zuhörer die Nummer des beschriebenen Bildes notieren und mehrere Lernende ihre Entscheidung mündlich begründen, indem sie auf nur auf diesem Bild dargestellte Details hinweisen.

5. Machen Sie auf einer Folie oder an der Tafel den Text Ihrer Bildbeschreibung sichtbar, so daß jeder Kursteilnehmer die Übereinstimmung von Bild und Beschreibung überprüfen und mit Hilfe von Fragen noch vorhandene Zweifel an der Zusammengehörigkeit beider ausräumen kann. Nutzen Sie den Text-Bild-Vergleich, um die Lernenden angemessene Ausdrucksvarianten für die treffende Beschreibung von Details finden zu lassen.

6. Teilen Sie die Kursteilnehmer in kleine Gruppen, und übergeben Sie jeder Gruppe ein dem Folien- bzw. Tafeltext in mehreren Details nicht entsprechendes Bild. Fordern Sie die Gruppen auf, die Beschreibung auf der Folie bzw. an der Tafel so zu verändern, daß sie dem jeweiligen Bild entspricht. Bei der Lösung dieser Aufgabe kann jedes Gruppenmitglied einen anderen Bildausschnitt zugeteilt bekommen und dazu seine Änderungsvorschläge unterbreiten. Diese werden dann gemeinsam überprüft und diskutiert.

7. Ein Kursteilnehmer aus jeder Gruppe faßt in seiner Gruppe oder im Plenum alle Änderungen in einer Bildbeschreibung zusammen.

42

NIVEAU: ✶✶ bis ✶✶✶

LERNZIELE: detailliertes Hören, Termine aushandeln

MATERIAL: Terminkalender oder Arbeitsblatt mit Angabe der Wochentage und Uhrzeiten

UNTERRICHTSVERLAUF:

1. Erzählen Sie den Kursteilnehmern von Ihren Terminen und Vorhaben in der laufenden Woche und von denen eines befreundeten Arztes. Führen Sie dabei im Bedarfsfall neuen Wortschatz ein.

2. Sagen Sie den Kursteilnehmern, daß sie im Sekretariat einer großen Klinik tätig seien, und teilen Sie sie in 2 oder 4 Arbeitsgruppen. Diktieren Sie beiden Gruppen unterschiedliche Termine für Montag- bis Freitagvormittag zwischen 8 und 13 Uhr. Achten Sie dabei darauf, daß in jeder Gruppe an zwei Tagen jeweils zwei Stunden frei bleiben (vgl. das Beispiel unten).

3. Lassen Sie die Mitglieder jeder Gruppe sich anhand ihrer Aufzeichnungen gegenseitig über die Termine ihres Chefarztes (главный врач) informieren und ihren ggf. lückenhaften Terminplan vervollständigen.

4. Schlagen Sie vor, daß jeweils zwei Mitarbeiter aus verschiedenen Arbeitsgruppen anhand des Terminplanes für ihre Chefärzte einen gemeinsamen Gesprächstermin möglichst am Vormittag aushandeln, der beiden Chefs paßt. Legen Sie fest, wer wen anruft. Hier einige Wortschatzhilfen für die Terminabsprache: Профессор ... попросил меня договориться с вами, когда он может встретиться с профессором ... . Его устраивает четверг, в 11 часов. Это можно/нельзя устроить. В это время профессор ... свободен/занят. Он ... . Нужно назначить другой день. Давайте отложим встречу на ... . В этот день профессора нет ... . Остаётся только ... . Может быть, всё таки в ..., только после обеда. А когда? Хорошо, я предложу профессору ... этот срок. Я вам перезвоню.

5. Fordern Sie die Kursteilnehmer auf, ihren persönlichen Terminplan für diese Woche aufzustellen bzw. zu vervollständigen und sich nach entsprechender Vorbereitung mit ihrem Tischnachbarn für einen gemeinsamen Kino-, Theater-, Museums- oder Sportstättenbesuch zu verabreden. Geben Sie den Paaren bei Bedarf die nötige Hilfestellung.

	ПН	ВТ	СР	ЧТ	ПТ
8 ч.	операция	лекция	командировка	операция	консультация
9 ч.	врачебный обход	амбулаторный приём		врачебный обход	амбулаторный приём
10 ч.	совещание			лекция	
11 ч.		повышение квалификации			канцелярская работа

43

NIVEAU: ✶✶ bis ✶✶✶

LERNZIELE: Fragen stellen, verstehen und beantworten; Urlaubsgrüße schreiben

MATERIAL: zerschnittene großformatige Fotos, Dias, Ansichtskarten und Souvenirs einer russischen Stadt, Diaprojektor

VORBEREITUNG:

Zerschneiden Sie ein oder mehrere Poster oder Fotos zu einer im Unterricht bereits behandelten Stadt in (jeweils) 4, 8 oder 16 Teile. Heften Sie die Teile immer nur eines Fotos mit der Rückseite nach oben an die Hafttafel, so daß die Bildseite unsichtbar bleibt.

UNTERRICHTSVERLAUF:

1. Wiederholen Sie mit den Kursteilnehmern die Namen wichtiger Sehenswürdigkeiten einer zuvor behandelten russischen Stadt, indem Sie dazu Fotos oder Dias zeigen sowie Fragen an „Einheimische“ stellen und von diesen beantworten lassen, z.B. Это что? Это ...? Извините, какое это сооружение? Вы мне скажете, что это за памятник? Как называется эта площадь? Можно осмотреть/сфотографировать ...? ...

2. Teilen Sie die Kursteilnehmer in Gruppen, lenken Sie ihre Aufmerksamkeit auf die Bildteile an der Hafttafel, und decken Sie das erste Bildfragment auf. Stellen Sie allen Gruppen die Aufgabe, sich den Bildausschnitt genau anzusehen und durch Entscheidungsfragen möglichst schnell herauszufinden, was auf dem Gesamtbild dargestellt sein könnte. Hier einige Beispiele für einige zunächst bewußt allgemein und dann immer konkreter gestellte Fragen: Это он/а? Это человек? Это достопримечательность? Эта достопримечательность находится в русском городе? Она в Москве? Это здание? Это площадь в центре Москвы? Это Красная площадь? Sobald sich die Fragen zu dem ersten Bildausschnitt erschöpft haben, wird der zweite, dritte usw. aufgedeckt, werden dazu neue Fragen gestellt, bis die erste oder auch alle Gruppen das Bild richtig erkannt und benannt haben. Im letzten Fall empfiehlt es sich, daß Gruppen, die meinen, das zu erratende Wort bzw. die Wortgruppe zu kennen, die Bezeichnung auf einen Zettel schreiben und diesen dem Kursleiter vorlegen.

3. Nachdem alle Gruppen die zu erratende Sehenswürdigkeit kennen, sollten sie dazu angeregt werden, durch weitere Fragen und Wünsche möglichst viele Zusatzinformationen darüber von dem Reiseleiter (Kursleiter) in Erfahrung zu bringen, z.B. Сколько лет ...? Когда и кем это здание было построено/реставрировано? Какой эпохи это сооружение?

4. Geben Sie den Gruppen die Möglichkeit, in einem Rollenspiel an einem im Raum eingerichteten Souvenirstand Andenken und Ansichtskarten von den „besichtigten“ Sehenswürdigkeiten zu erwerben.

5. Schlagen Sie jeder Gruppe vor, Urlaubsgrüße an Freunde in Rußland zu schreiben und diesen einiges Interessante über die auf den Ansichtskarten dargestellten Sehenwürdigkeiten mitzuteilen. Die Urlaubsgrüße können in der Gruppe vorgelesen und besprochen werden.

44

NIVEAU: ✶✶ bis ✶✶✶

LERNZIELE: Fragen stellen, verstehen und beantworten; Auskünfte geben

MATERIAL: Arbeitsblatt mit Checkliste; Fotos und Lesetexte über Prominente im heutigen Rußland

VORBEREITUNG:

Schreiben Sie auf ein Arbeitsblatt eine Checkliste über Angaben zur Person, z.B. возраст - место рождения - происхождение - детство - годы обучения - внешность - положительные и отрицательные качества - привычки - любимый цвет - профессия - способности - хобби - отношение к литературе, музыке, живописи, спорту, природе, родине ... - планы на будущее - семья, und machen Sie davon für jeden Kursteilnehmer eine Kopie.

Halten Sie nach Möglichkeit geeignete Fotos und Lesetexte über Prominente des heutigen Rußlands aus Politik, Wissenschaft, Kunst und Sport zusätzlich bereit.

UNTERRICHTSVERLAUF:

1. Informieren Sie sich bei den Kursteilnehmern über ihre Idole und Leitbilder. Schreiben Sie deren Namen an die Tafel. Zeigen Sie prominente Russen, und fragen Sie die Lernenden danach, wer diese Personen sind, was sie über sie wissen und von ihnen halten. Ergänzen Sie die Namen der Prominenten an der Tafel.

2. Bitten Sie die Kursteilnehmer, auf ein Blatt den eigenen Namen und darunter den ihres Leitbildes sowie auf Wunsch den der Person zu schreiben, deren Rolle sie einmal verkörpern möchten. Sammeln Sie die Zettel ein.

3. Übertragen Sie der einen Hälfte der Kursteilnehmer die Rolle einer prominenten Persönlichkeit und der anderen Hälfte die Rolle von Fans. Berücksichtigen Sie dabei nach Möglichkeit die geäußerten Wünsche. Übergeben Sie jedem „Prominenten“ und jedem „Fan“ ein Arbeitsblatt mit der Checkliste.

4. Die „Prominenten“ bereiten sich auf ihre Rolle mit Hilfe der Checkliste und eigener Stichpunkte, ggf. außerdem unter Einbeziehung eines geeigneten Lesetextes vor. Ihre „Fans“ legen sich in dieser Zeit möglichst viele Fragen an eine noch unbekannte Person zurecht und machen sich dazu Notizen.

5. Bringen Sie je einen „Prominenten“ mit einem seiner „Fans“ zusammen. Geben Sie jedem „Fan“ bis zu fünf Minuten Zeit, an seinen Gesprächspartner möglichst viele Fragen über dessen Entwicklung, Aussehen, Charakter, Gewohnheiten, Hobbys, Pläne, Familie usw. zu richten und sich zugleich die Antworten gut einzuprägen.

7. Fassen Sie jeweils bis zu vier Paare in je einer Gruppe zusammen, und ermuntern Sie die „Fans“, ihren Zuhörern möglichst viele der erhaltenen Informationen über ihre Gesprächspartner mitzuteilen.

45

NIVEAU: ✶✶ bis ✶✶✶

LERNZIELE: Scherzfragen und -antworten detailliert lesen und einander zuordnen

MATERIAL: Papierstreifen mit Scherzfragen bzw. -antworten

VORBEREITUNG:

Kopieren Sie die Scherzfragen und -antworten auf S. 66. Schneiden Sie das Blatt in Streifen, so daß auf jedem Streifen entweder eine Scherzfrage oder eine Antwort steht.

UNTERRICHTSVERLAUF:

1. Verteilen Sie an jeden Kursteilnehmer je einen Streifen mit einer Scherzfrage und einer nicht dazu passenden Antwort. Fordern Sie sie auf, die Scherzfrage und die Antwort still zu lesen, nach unbekannten Wörtern zu fragen und sich die dazu passende Antwort bzw. Frage zu überlegen.

2. Veranlassen Sie die Kursteilnehmer, ihre Scherzfragen im Wechsel vorzulesen. Wer glaubt, die Antwort zu haben, trägt diese vor. Gemeinsam erfolgt die Auswertung bzw. Korrektur. Dort, wo mehrere Antworten möglich sind, werden diese ergänzt.

В каких словах встречаются число и буква?	7я=семья; 100л= стол
Что находится между днём и ночью?	и
Чем заканчиваются день и ночь?	мягким знаком
Что друг за другом приходит к нам в гости год за годом? Их 12.	месяцы
Что это такое, когда трубочист падает в снег?	зима
Какой год длится только один день?	Новый год
Какой напиток - самый крепкий в мире?	вода: она даже держит суда
Что такое, всех кормит, а сама не ест?	ложка
Какой сад не копается?	детский сад
Какое это зеркало, стекло которого голубое и рама которого зелёная?	озеро
Как носят воду в сети?	льдом
Кто ходит сначала на четырёх ногах, потом на двух, а позже на трёх?	человек
Что моё, а другие употребляют его?	имя
Перед кем каждый снимает свою шляпу?	перед парикмахером
На какой вопрос нельзя ответить "да"?	Ты спишь?
Кто в дом идёт, меня за руку берёт?	дверь
Какая машина - самая чистая?	стиральная машина
Что такое, ног нет, а идут, рук нет, а бьют?	часы
У него ноги и спина есть, а рук и головы нет. Что это?	стул
Это не будильник, а звонит. Это не радио, а говорит. Что это?	телефон
Кто говорит на многих языках и играет на каждом инструменте?	радио
Кто говорит на всех языках и за всеми последнее слово?	эхо
Кто боится солнца?	снеговик

© Ernst Klett Verlag für Wissen und Bildung GmbH, Stuttgart 1996. Alle Rechte vorbehalten. (Vervielfältigung zum Unterrichtsgebrauch gestattet)

46

NIVEAU: ✶✶ bis ✶✶✶

LERNZIELE: detailliertes Lesen, Hauptgedanken zusammenfassen, Textschluß schreiben und diskutieren

MATERIAL: Karteikarten mit Kurztexten, Papierstreifen mit Überschriften

VORBEREITUNG:

1. Sammeln Sie lesenswerte Anekdoten und Witze, und ordnen Sie sie nach Unterrichtsthemen.

2. Kleben oder schreiben Sie die Kurztexte ohne ihre Überschrift auf Karteikarten und die Überschriften auf Papierstreifen.

UNTERRICHTSVERLAUF:

1. Fragen Sie die Kursteilnehmer u.a. danach, ob sie Anekdoten und Witze lesen und sammeln, was ihnen daran gefällt, welche sie bevorzugen. Interessieren Sie sich dafür, wo man russischsprachige Anekdoten und Witze lesen kann, und geben Sie bei Bedarf Empfehlungen.

2. Verteilen Sie an jeden Kursteilnehmer einen Kurztext und eine nicht dazu passende Überschrift. Beide werden still gelesen, unbekannte Wörter geklärt.

3. Fordern Sie nun alle Kursteilnehmer dazu auf, zur Überschrift oder auch zu mehreren Überschriften den passenden Text zu finden, ihn vorzulesen, seine Zugehörigkeit zur Überschrift zu diskutieren und sich bei mehreren Überschriften auf die treffendste zu einigen.

4. Informieren Sie darüber, welcher Text ursprünglich mit welcher Überschrift (wo) veröffentlicht worden ist.

5. Bitten Sie die Kursteilnehmer herauszufinden, bei welchen Texten der Schluß fehlt. Diese Texte werden vorgelesen. Wenigstens je zwei Gruppen erhalten den Auftrag, zu je einem Text einen passenden Schluß zu finden, z.B. zu folgendem Text (ohne den Satz in Klammern):

> Совет для садоводов-любителей
>
> Кончилась гражданская война. Муж - в армии, жена - в деревне. Телеграмма жены к мужу: "НАДО САЖАТЬ КАРТОШКУ. НЕКОМУ ВСКОПАТЬ ОГОРОД".
>
> Телеграмма мужа жене: "НЕ ТРОГАЙ ОГОРОД. ЗАРЫТ ЯЩИК С ВИНТОВКАМИ". Телеграмма жены мужу: "ПРИШЛИ ИЗ ЧК. ПЕРЕКОПАЛИ ВЕСЬ ОГОРОД".
>
> (Телеграмма мужа жене: "ВОТ ТЕПЕРЬ САЖАЙ КАРТОШКУ".)

7. Lassen Sie die in den Gruppen entworfenen Schlußsätze vorlesen, mit dem Original vergleichen und darüber diskutieren.

47

NIVEAU: ✶✶ bis ✶✶✶

LERNZIELE: Märchen detailliert lesen, modernisieren, verändern, dramatisieren

MATERIAL: Arbeitsblatt mit einem deutschen oder russischen Märchen auf russisch

UNTERRICHTSVERLAUF:

1. Verteilen Sie an alle Kursteilnehmer ein Arbeitsblatt mit einem bekannten Märchen. Der Text wird still gelesen und die Frage "Как называется эта сказка?“ beantwortet.

2. Bilden Sie Vierergruppen, und lassen Sie sie das Märchen in die ich-Form bringen. Überlassen Sie den Gruppen, wie sie die Arbeit aufteilen. Denkbar wäre z.B., daß ein Kursteilnehmer Formulierungsvorschläge auf deutsch macht, ein zweiter nach Vereinfachungen sucht, ein dritter unbekannten Wortschatz nachschlägt und ein vierter den russischen Satz niederschreibt, wobei sich möglichst jeder an jeder Aufgabe versuchen sollte.

3. Das Märchen wird von den Gruppen in der ich-Form erzählt. Daran kann sich eine Diskussion anschließen, in der zu den Entwürfen inhaltliche Ideen unterbreitet und auch sprachliche Fehler korrigiert werden können.

4. Stellen Sie jeweils mehreren Gruppen die Aufgabe, zu dem Märchen eine Vor- bzw. eine Nachgeschichte zu verfassen, die in das Märchen ein- bzw. dessen Handlung weiterführt. So könnte Rotkäppchen mehrere Geschwister haben, z.B. das Blaukäppchen, das Grünkäppchen, von denen in der Vor- und Nachgeschichte erzählt werden könnte.

5. Die Vor- und Nachgeschichten werden vorgetragen und diskutiert.

6. Schlagen Sie vor, das Märchen zu modernisieren, d.h. die Handlung in die heutige Zeit zu verlegen. Lassen Sie zunächst Beispiele für Aussagen zusammentragen, die nicht mehr zeitgemäß sind, und dann diese Beispiele auf die heutigen Gegebenheiten zuschneiden. So wird Rotkäppchens Mutter der Tochter vielleicht mit auf den Weg geben, vorher bei der Oma anzurufen, das Fahrrad zu nehmen und sich von unbekannten Menschen fernzuhalten. Ermuntern Sie Gruppen mit wenig Erfahrung im Modernisieren von Texten, eng zusammenzuarbeiten, alle Vorschläge gründlich zu diskutieren und sich bei Bedarf auch an Sie um Hilfe zu wenden.

7. Jede Gruppe liest ihr umgeschriebenes Märchen vor und stellt sich den Fragen und Hinweisen durch die anderen Gruppen.

8. Regen Sie an, in gruppenteiliger Arbeit jeweils einen anderen Abschnitt des modernisierten Märchens zu dramatisieren und aufzuführen. Diese Aufgabe erstreckt sich über mehrere Unterrichtsstunden. Dazu ist es u.a. erforderlich, die monologischen Passagen in Dialoge umzuarbeiten, Regieanweisungen zu fixieren, sich über die Besetzung der Rollen und über Kostüme und weitere Requisiten zu verständigen, die Rollen einzustudieren.

48

NIVEAU: ∗∗ bis ∗∗∗

LERNZIELE: Brief mit Erfassen der Beziehungen zwischen seinen Teilen lesen und darauf antworten

MATERIAL: Arbeitsblatt mit vertauschten Briefabschnitten

VORBEREITUNG:

Verfassen Sie einen Brief zum gerade behandelten Thema, zerschneiden Sie ihn in mehrere Teile, kleben Sie diese in anderer Reihenfolge als im Brief auf ein Arbeitsblatt, und kopieren Sie dieses für jeden Kursteilnehmer.

UNTERRICHTSVERLAUF:

1. Erzählen Sie den Kursteilnehmern, daß Sie einen Brief erhalten haben, in dem die einzelnen Teile so durcheinandergeraten sind, daß Sie sie erst richtig ordnen müssen, bevor Sie den Brief lesen können. Bitten Sie die Lernenden um Hilfe. Verständigen Sie sich zuvor über die äußere Formgebung und den Aufbau eines Briefes sowie über die Anordnung bestimmter Inhalte.

2. Verteilen Sie an alle Kursteilnehmer eine Kopie dieses Briefes, und lassen Sie sie den chaotischen Brief still lesen und die Abschnitte richtig ordnen. Dabei können immer die beiden Tischnachbarn zusammenarbeiten. Sie sollten zuerst nach dem Briefanfang und -schluß und danach nach den Anschlußteilen suchen, unbekannte Wörter anstreichen, sich nach der Bedeutung gegenseitig befragen und nur bei unbekannten Schlüsselwörtern das Wörterbuch zu Hilfe nehmen.

3. Sobald ein Partner glaubt, den Brief richtig geordnet und seinen Inhalt voll verstanden zu haben, sollte er seinem Nachbarn mit helfenden Hinweisen zur Seite stehen.

4. Bitten Sie einen Kursteilnehmer, den ersten Abschnitt des Briefes, einen anderen den zweiten Abschnitt u.s.w. vorzulesen. Meinungsverschiedenheiten über die Aufeinanderfolge der Abschnitte werden im Gespräch geklärt.

5. Schlagen Sie jeder Gruppe vor, auf den Brief zu antworten. Die Antworten werden im Plenum vorgelesen und zur Diskussion gestellt.

49

NIVEAU: ∗ ∗ bis ∗ ∗ ∗

LERNZIELE: detailliertes Lesen, Meinungen äußern, Fakten zusammenfassen, Landeskunde

MATERIAL: Arbeitsblatt mit Fragen und Auswahlantworten

VORBEREITUNG:

Stellen Sie oder von Ihnen beauftragte Kursteilnehmer für ein landeskundliches Quiz zu einem aktuellen Themenbereich Fragen und zu jeder Frage drei Auswahlantworten auf einem Arbeitsblatt zusammen. Von den Antworten sollten alle drei möglich erscheinen, aber nur eine richtig sein. Sie können aber auch auf die Kopiervorlage auf S. 71 zurückgreifen. Kopieren Sie für jeden Kursteilnehmer solch ein Arbeitsblatt.

UNTERRICHTSVERLAUF:

1. Beginnen Sie die Unterrichtsstunde mit einem zum Thema passenden Lied, Gedicht oder einigen Fotos, und stimmen Sie so die Kursteilnehmer auf das vorbereitete Quiz ein.

2. Verteilen Sie an die Kursteilnehmer die Arbeitsblätter mit dem Quiz, lassen Sie sie die Fragen und Antworten still lesen und jeweils eines von drei Kästchen ankreuzen.

3. Bitten Sie jeweils einen Kursteilnehmer, zu einer Frage seine Lösung vorzutragen. Ermuntern Sie die Zuhörer, sich dazu zu äußern und der Antwort zuzustimmen oder ihr zu widersprechen sowie die eigene Antwort zu begründen, z.B. По-моему, вы (не) правы. Я другого/того же мнения. Вы ошибаетесь, ... Это не может/должен быть правильно, потому что ... . Я точно знаю, что ... . Давайте, проверим этот факт с помощью текста в ... .

4. Fordern Sie einen Kursteilnehmer auf, das hier behandelte Thema in einem Kurzvortrag zusammenzufassen. Die Zuhörer können das Gesagte ergänzen, dazu Fragen aufwerfen und Stellung nehmen.

Lösung: 1 - в, 2 - б, 3 - а, 4 - а, 5 - б, 6 - в, 7 - б, 8 - а, 9 - б, 10 - б.

Викторина о Санкт-Петербурге

1. *В каком году был основан Санкт-Петербург?*

- ☐ а) в 1683 году?
- ☐ б) в 1472 году?
- ☐ в) в 1703 году?

2. *С какого знаменитого сооружения началось строительство Петербурга?*

- ☐ а) с Зимнего дворца?
- ☐ б) с Петропавловской крепости?
- ☐ в) с Адмиралтейства?

3. *Кто был первым бургомистром Петербурга?*

- ☐ а) Меньшиков?
- ☐ б) Пушкин?
- ☐ в) Собчак?

4. *Где в Петербурге жили русские цари?*

- ☐ а) в Зимнем дворце?
- ☐ б) в Петропавловской крепости?
- ☐ в) в Смольном?

5. *Что подарила царица Екатерина II. городу?*

- ☐ а) Эрмитаж?
- ☐ б) памятник Петру Первому?
- ☐ в) Смольный?

6. *Что такое - Эрмитаж?*

- ☐ а) Дворец спорта?
- ☐ б) Театр оперы и балета?
- ☐ в) музей?

7. *Сколько человек сегодня живёт в Санкт-Петербурге?*

- ☐ а) четыре миллиона?
- ☐ б) пять миллионов?
- ☐ в) три миллиона?

8. *Как называют Санкт-Петербург?*

- ☐ а) Северной Венецией?
- ☐ б) Русским Парижем?
- ☐ в) Святым городом?

9. *Сколько приблизительно километров от Берлина до Санкт-Петербурга?*

- ☐ а) 2000 км?
- ☐ б) 2500 км?
- ☐ в) 3000 км?

10. *Почему многие туристы приезжают в Санкт-Петербург с 11 июня до 2 июля?*

- ☐ а) В это время там часто стоит хорошая погода?
- ☐ б) Это время белых ночей?
- ☐ в) В это время там ежегодно бывает международный кинофестиваль?

© Ernst Klett Verlag für Wissen und Bildung GmbH, Stuttgart 1996. Alle Rechte vorbehalten. (Vervielfältigung zum Unterrichtsgebrauch gestattet)

50

NIVEAU: ✶✶ bis ✶✶✶

LERNZIELE: Alltagssituationen beschreiben, Textrekonstruktion, Dialoge variieren, Rollenspiel

MATERIAL: Arbeitsblatt mit Illustrationen zu Alltagssituationen und Wendungen aus Dialogen, Folie

VORBEREITUNG:

1. Erstellen Sie ein Arbeitsblatt mit numerierten Illustrationen zu Alltagssituationen. Plazieren Sie unter jede Illustration vier Wendungen, von denen jedoch nur eine zur jeweiligen Darstellung paßt. Sie können für das Arbeitsblatt auch die Kopiervorlage auf S. 73 verwenden.

2. Vergrößern Sie die Illustrationen, und kopieren Sie sie auf Folie.

UNTERRICHTSVERLAUF:

1. Teilen Sie die Lernenden in vier Gruppen. Bieten Sie auf einer Folie Illustrationen zu vier Alltagssituationen dar, und lassen Sie nach kurzer Vorbereitung je eine Illustration von jeder Gruppe beschreiben.

2. Spielen Sie vom Tonband oder tragen Sie selbst vier Kurzdialoge (S. 74) zu den Illustrationen vor. Bitten Sie die Kursteilnehmer, die Gespräche den Illustrationen zuzuordnen, die entsprechenden Nummern zu notieren und sich anschließend in der Gruppe über die Zuordnung zu verständigen.

3. Verteilen Sie die Arbeitsblätter. Lassen Sie die Gruppen die passenden Wendungen zu der von ihnen beschriebenen Illustration auf dem Arbeitsblatt markieren und daraus den gehörten Dialog paarweise zunächst rekonstruieren und dann variieren.

4. Schlagen Sie den Gruppen vor, ihren Dialog um so viele Rollen zu Sketchen zu erweitern, wie Teilnehmer in der Gruppe sind, dabei geeignete Requisiten einzubeziehen, das Rollenspiel in Szene zu setzen und einzuüben. Helfen Sie nur dort, wo es nötig erscheint.

5. Bitten Sie jede Gruppe, ihr Rollenspiel im Plenum vorzuführen, und ihre Zuschauer, sich dazu zu äußern, was ihnen gefällt und was sie anders gemacht hätten.

1.

Это говорит ...

Здравствуйте!

А какие места?

Какой у вас размер?

2.

Только на субботу.

Алло!

Я провожу вас ...

Выпишите, пожалуйста, чек.

3.

Разрешите представиться ...

Два билета в партер.

Есть что-нибудь передать?

Я эту шляпу возьму.

4.

Когда идёт "Лебединое озеро"?

Касса напротив.

..., я позже перезвоню.

Не беспокойтесь...

© Ernst Klett Verlag für Wissen und Bildung GmbH, Stuttgart 1996. Alle Rechte vorbehalten. (Vervielfältigung zum Unterrichtsgebrauch gestattet)

1. - Профессор Шнайдер?
- Да, это я.
- Здравствуйте!
- Здравствуйте!
- Разрешите представиться: Иванов, Павел Петрович. Член оргкомитета конференции.
- Очень рад. Дитер Шнайдер из Мюнхена.
- Я провожу вас до гостиницы, профессор. Позвольте, ваш чемодан ...
- Не беспокойтесь, я сам. Он совсем лёгкий.

2. - Алло!
- Это говорит Клаус Рихтер из ФРГ.
- Да, а вам кого?
- Нину Фёдеровну, пожалуйста.
- Её нет дома. Ей что-нибудь передать?
- Нет, спасибо, я позже перезвоню. Когда Нина Фёдеровна будет дома?
- Трудно сказать. Может быть, через два часа.
- Спасибо, до следующего раза!

3. - Покажите мне шляпу, пожалуйста.
- Какой у вас размер?
- Пятьдесят шесть.
- К вашему пальто пойдёт вот эта.
- Разрешите посмотреть.
- Пожалуйста, вот зеркало.
- Я эту шляпу возьму. Выпишите, пожалуйста, чек.
- Вот, пожалуйста. Касса напротив.

4. - Скажите, пожалуйста, когда идёт "Лебединое озеро"?
- Завтра и в субботу.
- А билеты есть?
- Только на субботу.
- А какие места?
- Есть ложа и партер.
- Пожалуйста, два билета в партер.
- С вас ... рублей.

© Ernst Klett Verlag für Wissen und Bildung GmbH, Stuttgart 1996. Alle Rechte vorbehalten. (Vervielfältigung zum Unterrichtsgebrauch gestattet)

51

NIVEAU: ∗∗ bis ∗∗∗

LERNZIELE: Bilderfolge beschreiben, Dialogszenen gestalten, Nachgeschichte erzählen

MATERIAL: Arbeitsblatt mit Bilderfolge, Buchverkaufsstand

VORBEREITUNG:

Bereiten Sie für jeden Kursteilnehmer ein Arbeitsblatt mit den Illustrationen der Kopiervorlage auf S. 76 und Wortschatzhilfen vor, und richten Sie im Unterrichtsraum einen Buchverkaufsstand ein.

UNTERRICHTSVERLAUF:

1. Teilen Sie die Kursteilnehmer in fünf etwa gleich große Gruppen. Jede Gruppe erhält die Aufgabe, sich in Frage und Antwort über Aussehen und Charakter der beiden Hauptpersonen sowie über ihr Verhältnis zueinander auszutauschen. Falls notwendig, können Sie dazu Fragewörter an der Tafel vorgeben oder von den Lernenden zusammentragen und anschreiben lassen. Die Gesprächsbereitschaft kann zusätzlich noch dadurch gefördert werden, daß sich die Gruppenmitglieder vorher jeweils individuell mit Alter, Beruf, Familienstand, Hobbys u.ä. der beiden Hauptpersonen gedanklich auseinandersetzen und sich dazu entsprechende Stichpunkte machen. Bei unterschiedlichen Angaben sind gute Voraussetzungen gegeben, diese Meinungsunterschiede auszudiskutieren.

2. Regen Sie an, daß in jeder Gruppe jeweils ein anderes Gruppenmitglied eines der Bilder zusammenhängend beschreibt und die Zuhörer ggf. die Beschreibung ergänzen.

3. Lassen Sie die Kursteilnehmer in den Gruppen über einen Titel für die Bilderfolge nachdenken, ihre Vorschläge auf ein Blatt Papier schreiben, darüber diskutieren, sich auf einen Titel einigen, diesen an die Tafel schreiben und die Diskussion im Plenum fortsetzen.

4. Bieten Sie nun jeder Gruppe eine andere Aufgabe an: Eine Gruppe bereitet sich auf eine mündliche Einführung in die Bildergeschichte und die einzelnen Darstellungen vor, erstellt dazu gemeinsam einen Redeplan und arbeitsteilig die Texte zu den einzelnen Bildern. Die übrigen vier Gruppen konzentrieren sich jeweils auf eines der vier Bilder, entwerfen dazu gemeinsam den Dialogtext, diskutieren ihn und üben die Rollen möglichst in mehrfacher Besetzung paarweise ein.

5. Die Gruppen stellen ihre Arbeitsergebnisse im Plenum zur Diskussion. Die Szenen werden von den Lernern vorgespielt.

6. Jeder Kursteilnehmer schildert zu Hause in einer Nachgeschichte den möglichen Fortgang der Handlung. In Vorbereitung darauf können sich die Lernenden u.a. darüber verständigen, wie sie sich in der dargestellten Situation verhalten, was sie mit zwei gleichen Büchern getan hätten.

А

Б

В

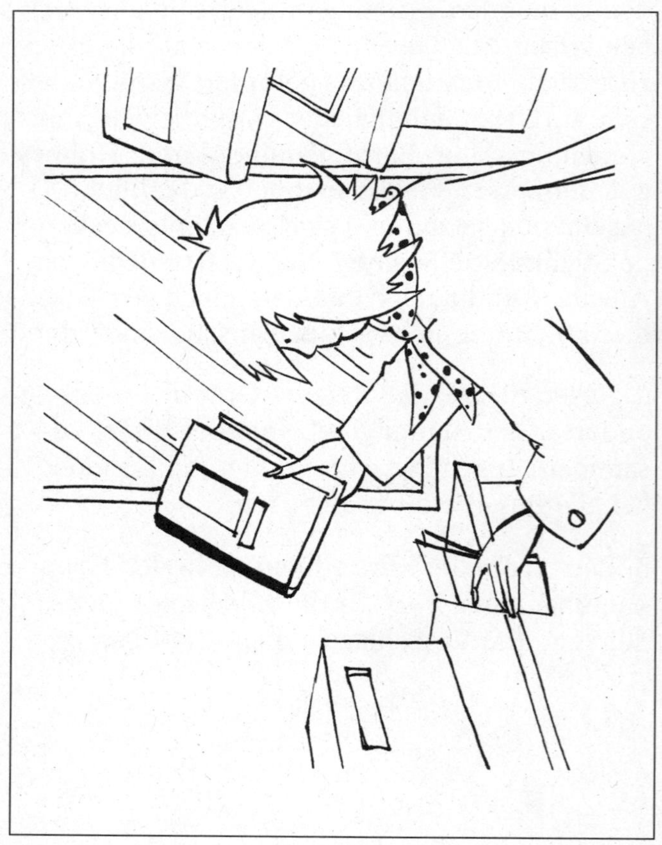

Г

© Ernst Klett Verlag für Wissen und Bildung GmbH, Stuttgart 1996. Alle Rechte vorbehalten. (Vervielfältigung zum Unterrichtsgebrauch gestattet)

52

NIVEAU: ✶✶ bis ✶✶✶

LERNZIELE: Wortschatzwiederholung, Vermutungen über die Identität von Personen äußern

UNTERRICHTSVERLAUF:

1. Bitten Sie drei Lernende nach vorn, die sich in ihrem Äußeren in mehreren Details jeweils deutlich voneinander unterscheiden. Wiederholen Sie den Wortschatz für Personenbeschreibungen, indem Sie die Lerner die ausgewählten Kursteilnehmer vergleichen lassen, z.B. Сравните их возраст, рост, фигуру, волосы, причёску, уши, глаза, рот, нос ... Schreiben Sie die jeweiligen Stichpunkte als Stützwörter für die Beschreibung an die Tafel.

2. Drei Kursteilnehmer ziehen den Namen jeweils einer ausgewählten Person und beschreiben deren Aussehen. Die Zuhörer stellen im Bedarfsfall Zusatzfragen, notieren jeweils den Namen der beschriebenen Person. Diese tritt danach einen Schritt vor.

3. Regen Sie nun an, daß jeder Kursteilnehmer von einem anderen eine schriftliche Personenbeschreibung anfertigt, seinen Namen darunter und den der beschriebenen Person auf die Rückseite des Arbeitsblattes schreibt. Stellen Sie den Lernenden dafür ausreichend Zeit zur Verfügung. Geben Sie, falls notwendig, Hilfestellung. Greifen Sie möglichst wenig korrigierend ein, und notieren Sie sich häufige Fehler für eine spätere Behandlung.

4. Sammeln Sie die Arbeitsblätter ein, und befestigen Sie sie an einer Hafttafel oder Wandleiste. Fordern Sie die Kursteilnehmer dazu auf, sich die im Unterrichtsraum aushängenden Personenbeschreibungen aufmerksam durchzulesen, Vermutungen darüber anzustellen, wer gemeint sein könnte, die Beschreibung mit der vermeintlichen Person zu vergleichen und deren Namen über dem Text an einer freien Stelle zu vermerken.

5. Nehmen Sie zunächst die Personenbeschreibungen von der Wand ab, die alle Kursteilnehmer und auch der Verfasser mit dem gleichen Namen versehen haben. Heben Sie die besonders gelungenen Stellen in der Beschreibung ausdrücklich lobend hervor, und lassen Sie kleinere Ungenauigkeiten zunächst vom Verfasser oder mit der Hilfe auch anderer Lernender präzisieren sowie häufiger aufgetretene sprachliche Fehler korrigieren.

6. Geben Sie den Lernenden bei jenen Personenbeschreibungen, die sie jeweils verschiedenen Personen zugeordnet haben, die Möglichkeit, an den Verfasser Zusatzfragen zu stellen, die dieser nur mit да oder нет beantwortet. Stellen Sie danach die auf dem Blatt von Ihnen numerierten Namen zur Abstimmung. Nachdem geklärt ist, wer die beschriebene Person tatsächlich ist, kennzeichnen die Kursteilnehmer mit der falschen Lösung jene Textstellen in der Beschreibung, die sie in die Irre geführt haben. Diese Textstellen werden erneut mit der beschriebenen Person verglichen und bei Bedarf unter Beteiligung aller Kursteilnehmer durch eine treffendere Beschreibungsvariante ersetzt.

53

NIVEAU: ∗∗ bis ∗∗∗

LERNZIELE: Personalpronomen, Einzelaussagen verstehen, Entscheidungsfragen stellen

MATERIAL: Fotos von Politikern

UNTERRICHTSVERLAUF:

1. Zeigen Sie den Kursteilnehmern Fotos von russischen und deutschen Politikern, heften Sie sie an die Tafel, und lassen Sie die Lerner den Namen und den Verantwortungsbereich der Politiker angeben, sich zum Alter und Aussehen, zu Eigenschaften, Fähigkeiten und Interessen äußern.

2. Übertragen Sie einem Kursteilnehmer die Rolle eines der an der Tafel abgebildeten Politiker. Lassen Sie alle anderen an den „Politiker" Entscheidungsfragen zu seiner Person stellen und mit Hilfe der Antworten den gesuchten Namen ausfindig machen, z.B. Вы российский политик? Вы живёте/работаете в Москве? Вы член правительства? Вы министр? О вас недавно написали в газетах? ...

3. Bitten Sie die Kursteilnehmer, sich die Fotos der Politiker an der Tafel genau anzusehen, aus diesem Kreis einen Kandidaten für das Europäische Parlament vorzuschlagen und den Vorschlag zu begründen.

4. Führen Sie nach der Nominierung eine Abstimmung über die Kandidaten durch. Jeder darf nur für einen Kandidaten votieren. Schreiben Sie das Wahlergebnis an die Tafel.

5. Lassen Sie zwei Kursteilnehmer die Rollen der beiden Spitzenkandidaten spielen, die von den übrigen Lernenden vor der Stichwahl interviewt werden. Jeder antwortet im Wechsel als erster oder zweiter auf die gleichen Fragen.

6. Führen Sie die Stichwahl durch. Gewählt werden soll derjenige Kandidat, der den Wähler mehr überzeugt hat als sein Kontrahent.

7. Diskutieren Sie mit den Kursteilnehmern darüber, wie sie sich einen Politiker vorstellen, dem sie ihre Stimme geben. Stellen Sie im Bedarfsfall dafür Wortschatzhilfen bereit, z.B. выступать за демократию и справедливость, представлять взгляды большинства, сдержать своё слово, быть в курсе событий политической жизни, выступать за права слабых, ...

54

NIVEAU: ✶✶✶

LERNZIELE: Wortschatzwiederholung, Gespräche führen, Meinungen äußern

MATERIAL: Arbeitsblatt mit Kreuzworträtsel und Pictogrammen, Wörterbuch

VORBEREITUNG:

Kopieren Sie die Vorlage für das Kreuzworträtsel auf S. 80 und verteilen Sie die Arbeitsblätter an die Kursteilnehmer.

UNTERRICHTSVERLAUF:

1. Lassen Sie die Kursteilnehmer in Vorbereitung auf Gespräche über die Rolle des Sports in ihrem Leben das Kreuzworträtsel auf dem Arbeitsblatt je nach dem Leistungsvermögen der Lernenden einzeln, zu zweit oder zu dritt in einer zuvor festgelegten Zeit so vollständig wie möglich lösen und danach die Bezeichnungen für die gesuchten Sportarten vorlesen.

2. Fordern Sie die Lernenden dazu auf, die Sportarten aus dem Kreuzworträtsel in gruppenteiliger Arbeit nach unterschiedlichen Gesichtspunkten zu ordnen, z.B. nach olympischen und nichtolympischen, nach Sommer- und Wintersportarten, nach ihrer Popularität in Rußland und Deutschland, nach ihrer Beliebtheit beim Lernenden selbst, nach zuvor zusammengetragenen Sportstätten.

3. Die entsprechend geordneten Sportarten und -disziplinen werden vorgelesen und durch weitere ergänzt, die Zuordnungen bzw. Rangfolgen und deren mögliche Ursachen diskutiert.

4. Die Kursteilnehmer bereiten in Vierer- oder Zweiergruppen einen Gesprächsplan über ihr persönliches Verhältnis zum Sporttreiben, ihre Motive, Lieblingssportarten und sportlichen Leistungen vor, stellen dazu unter Nutzung von Hilfsmitteln Sprachmaterial zusammen, führen das Gespräch zu viert oder zu zweit, zeigen, falls vorhanden, Fotos und kommentieren sie.

5. Greifen Sie im Kurs kontrovers diskutierte Standpunkte über die Rolle von Körperkultur und Sport auf, und ermuntern Sie die Kursteilnehmer, dazu ihre Meinung zu äußern. Hier zwei Beispiele für entsprechende Themen:

- В современном мире нельзя жить без спорта.

- Для здоровья людей нужен не спорт, а физкультура.

Lösung:

По горизонтали: 1 кегли, 5 стрельба, 8 регби, 10 бобслей, 12 гимнастика, 14 шахматы, 16 гольф, 18 каноэ, 19 плавание, 20 теннис, 22 баскетбол, 23 хоккей, 25 гандбол, 27 слалом, 28 скейтборд, 29 велоспорт

По вертикали: 2 гребли, 3 танец, 4 бадминтон, 6 фехтование, 7 бег, 9 бокс, 11 байдарка, 13 волейбол, 15 автоспорт, 17 футбол, 21 борьба, 24 крикет, 26 дзюдо

© Ernst Klett Verlag für Wissen und Bildung GmbH, Stuttgart 1996. Alle Rechte vorbehalten. (Vervielfältigung zum Unterrichtsgebrauch gestattet)

55

NIVEAU: ✶✶✶

LERNZIELE: landeskundliche Informationen, Begriffe umschreiben, Gespräche führen, erzählen

MATERIAL: Arbeitsblatt mit Auflösungen eines Kreuzworträtsels (Beispiel S. 82), Musikkassetten, Texte über russische Komponisten und Musiker

UNTERRICHTSVERLAUF:

1. Verteilen Sie an die Lernenden Arbeitsblätter mit den Auflösungen eines Kreuzworträtsels zum Thema „Из истории русской музыки".

2. Lassen Sie in Gruppenarbeit die im Rätsel enthaltenen Begriffe umschreiben, so daß eine Legende entsteht.

3. Die Lernenden tragen die Umschreibungen für die im Kreuzworträtsel gesuchten Begriffe vor, stellen dazu Fragen, äußern sich zustimmend oder ablehnend, korrigieren und präzisieren ggf. die Auskünfte, z.B. „Гаянэ" - это не просто музыкальная пьеса, это балет. / Правильно, этот балет сочинил армянский композитор. Я забыл его фамилию. /Вы правы, это балет Хачатуряна. / ...

4. Spielen Sie einzelne russische Musikstücke vor, deren Namen im Kreuzworträtsel enthalten sind. Lassen Sie dazu Texte lesen und Gespräche führen, nötigenfalls zu vorgegebenen oder selbst zusammengestellten Schwerpunkten, z.B. жанр - эпоха - композитор - певец/певица - за/против - ...

5. Die Lernenden stellen Musikaufnahmen ihrer Lieblingskomponisten oder -sänger sowie Interessantes aus deren Leben und Schaffen vor und beantworten die Fragen ihrer Zuhörer.

Lösungsvorschlag des Beispiels

По горизонтали: 1 балет Хачатуряна, 3 композитор оперы "Иван Сусанин", 6 современный русский пианист, 9 прима-балерина Большого театра 1944-1962 гг., 11 опера Чайковского, 13 русский актёр, поэт и певец 1938-1980 гг., 17 русский поэт и певец, родился в 1924 г., 19 композитор оперы "Князь Игорь", 21 русский скрипач 1908-1974 гг., 23 руководитель ансамбля русских песен и танцев.

По вертикали: 2 русская рок-группа, 4 балет Чайковского, 5 русская рок-группа, 7 русская рок-группа, 8 композитор балета "Спящая красавица", 10 щипковый инструмент русского фольклора, 12 русская рок-группа, 14 опера Римского-Корсакова, 15 композитор танца "Танец с саблями", 16 композитор балета "Ромео и Джульета", 18 русская рок-группа, 19 жанр музыки, 20 жанр музыки, 22 группа певцов.

© Ernst Klett Verlag für Wissen und Bildung GmbH, Stuttgart 1996. Alle Rechte vorbehalten. (Vervielfältigung zum Unterrichtsgebrauch gestattet)

56

NIVEAU: ✶✶✶

LERNZIELE: Wortbildungsregeln und -mittel

MATERIAL: Grundkarte und Wortkärtchen für Wortbildungslotto, Wörterbuch

VORBEREITUNG:

Kopieren Sie für jeden Mitspieler eine Grundkarte und für jede Gruppe den dazugehörigen Wortkartenblock auf S. 84. Zerschneiden Sie diesen in Einzelkarten.

UNTERRICHTSVERLAUF:

1. Schlagen Sie den Kursteilnehmern vor, zur Aneignung und Anwendung von Wortbildungsregeln und -mitteln in Fünfergruppen Wortbildungslotto zu spielen.

2. Geben Sie jedem Gruppenteilnehmer eine Grundkarte mit den Wurzeln der zu ergänzenden Wortfamilien sowie wenigstens sieben Wortkärtchen. Die Mitspieler ziehen nun reihum von ihrem Nachbarn eine Karte. Hat einer zu einer Wortfamilie drei oder mehr Kärtchen, kann er diese, bevor er an der Reihe ist, in Kästchen auf der Grundkarte einordnen. Ordnet er sie falsch zu, muß er mit dem Auslegen bis zum nächsten Mal warten.

3. Zu den bereits ausgelegten Karten einer Wortfamilie können die noch fehlenden später einzeln hinzugefügt werden. Es gewinnt, wer zuerst alle Wortkärtchen ausgelegt bzw. weitergegeben hat.

4. Stellen Sie den Kursteilnehmern nach der Ablage aller Karten auf der Grundkarte die Aufgabe, die neben- bzw. untereinander angeordneten Wortbeispiele in den Spalten miteinander auf wortbildungstypische Gemeinsamkeiten zu analysieren und diese zu kennzeichnen sowie ggf. unter Benutzung des Wörterbuches weitere Beispiele desselben Wortbildungstyps zu ergänzen.

5. Lassen Sie die Personenbezeichnungen und Ortsangaben von den Kursteilnehmern durch Umschreibung erklären.

6. Die Fünfergruppen erhalten die Aufgabe, sich Phantasiegeschichten auszudenken, in denen wenigstens vier zu einer Wortfamilie oder einem Wortbildungstyp gehörende Wörter vorkommen. Die Geschichten werden jeweils von einem Gruppenmitglied vorgetragen und zur Diskussion gestellt.

Wurzel	Handlung	m. Person	w. Person	Sache/ Gegenstand	Merkmal	Ort/ Einrichtung
-уч-						
-жи/з/-						
-работ-						
-чит/чт-						
-пис-						
-строй-						
-боль-						

учить/ся	ученик учитель	ученица учительница	учебник	учебный учительский	училище
жить	житель	жительница	жизнь	жизненный	жительство
работать	работник	работница	работа	рабочий	работа
болеть	больной	больная	болезнь	больной	больница
читать	читатель	читательница	чтение	читательский	читальня
писать	писатель	писательница	письмо	письменный	расписание
строить	строитель	строитель	строительство	строительный	стройка

© Ernst Klett Verlag für Wissen und Bildung GmbH, Stuttgart 1996. Alle Rechte vorbehalten. (Vervielfältigung zum Unterrichtsgebrauch gestattet)

57

NIVEAU: ✶✶✶

LERNZIELE: detailliertes Lesen, Gedanken austauschen

MATERIAL: Arbeitsblatt mit Textvorlage, Wörterbuch

VORBEREITUNG:

Kopieren und bearbeiten Sie, falls erforderlich, den Lesetext auf S. 86. Einzelnen oder allen Kursteilnehmern können als Lesehilfe(n) u.a. eine zwei- oder einsprachige Wortliste oder die drucktechnische Hervorhebung von Schlüsselwörtern bzw. Schlüsselsätzen angeboten werden.

UNTERRICHTSVERLAUF:

1. Fragen Sie die Kursteilnehmer, ob sie einen Hoteldetektiv kennen, was sie von diesem Beruf halten und ob sie als Hoteldetektiv arbeiten möchten.

2. Schlagen Sie den Kursteilnehmern vor, sich als Hoteldetektiv zu testen. Händigen Sie ihnen dazu das Arbeitsblatt mit dem Lesetext „Вор в гостинице“ aus, und lassen Sie sie ihn in kleinen Gruppen zunächst ohne Wörterbuch mit Erfassen des globalen Inhalts und dann die schwierigen Textstellen nochmals still lesen. Halten Sie sie dazu an, die Bedeutung wichtiger Schlüsselwörter möglichst ohne Wörterbuch zu erschließen, dort nur in begründeten Fällen nachzuschlagen, sich im Bedarfsfall in der Gruppe gegenseitig zu helfen. Bieten Sie Ihre Hilfe erst dann an, wenn alle anderen Möglichkeiten ausgeschöpft worden sind.

3. Geben Sie den Kursteilnehmern in ihrer Gruppe Gelegenheit, ihre Vermutungen über den Dieb zu äußern und diese zu begründen, bevor sie Ihnen das Ergebnis ihrer Ermittlungen auf einem Zettel mitteilen, z.B. Вор должен быть гостем из 402 номера, так как никто не стучит в дверь своего номера.

4. Informieren Sie über die Ermittlungsergebnisse der einzelnen Gruppen und darüber, daß der Dieb der Gast aus Zimmer 402 war.

Вор в гостинице

Господин Фишер из Германии проводил несколько дней своего отпуска в Москве. Как всегда он жил в гостинице "Метрополь" недалеко от Большого театра. В этот раз его номер находился на четвёртом этаже. Когда он после обеда вернулся в номер, то заметил, что дверь не заперта. Он подумал, что, наверное, забыл запереть её. Когда господин Фишер случайно посмотрел на свою тумбочку, то увидел, что там нет его драгоценных швейцарских часов и золотого кольца. До обеда они лежали на тумбочке. Это он точно знал. Долго, но напрасно он искал часы и кольцо. В это время ему стало ясно, что кто-то был в его номере и украл эти вещи. Вор мог совершить воровство только между двенадцатью и четырнадцатью часами. Об этом господин Фишер сказал директору гостиницы. Директор опросил некоторых служащих гостиницы и составил протокол. Так как ему не удалось выяснить дело, он передал его детективу. Детектив очень внимательно и с большим интересом прочитал протокол. Может быть, и вы хотите прочитать его?
Вот, пожалуйста:

Мальчик-лифтёр заявил: "В 13 часов 30 минут я проводил незнакомого мужчину в светлом пальто на четвёртый этаж. Он был с портфелем. Уже 10 минут спустя он вышел из гостиницы." Никто из служащих гостиницы не знает, что делал незнакомый 10 минут на четвёртом этаже.

Господин Павлов, петербургский гость из номера 356, передал дежурной по этажу информацию, что он заметил, как незнакомая горничная вышла из его номера в 13 часов 20 минут. Когда он спросил её, зачем она заходила в его номер, она испуганно заявила, что другая горничная попросила её полить цветы. Горничная, которая обычно убирает этот номер, подтвердила это.

Другая горничная сообщила следующее: "Я убирала номер на пятом этаже. Вдруг кто-то постучал в дверь. Я продолжала уборку. После второго стука в комнату вошёл гость из 402 номера. Когда он увидел меня, он сказал: -Простите, пожалуйста, я ошибся номером. Я думал, что это мой номер.- Потом он вышел из этой комнаты."

После того как детектив прочитал протокол, он знал, кто вор. Вы тоже? Кто по вашему вор? Скажите, почему вы так думаете.

© Ernst Klett Verlag für Wissen und Bildung GmbH, Stuttgart 1996. Alle Rechte vorbehalten. (Vervielfältigung zum Unterrichtsgebrauch gestattet)

58

NIVEAU: ✶✶✶

LERNZIELE: verstehendes Hören, Gespräche führen

MATERIAL: Erinnerungsfotos der Kursteilnehmer aus der Schulzeit und danach, Kurzcharakteristiken der Lerner

VORBEREITUNG:

Bereiten Sie mit Kursteilnehmern den Unterrichtsraum für ein Absolvententreffen vor. Erarbeiten Sie Kurzcharakteristiken der Lerner.

UNTERRICHTSVERLAUF:

1. Begrüßen Sie die Kursteilnehmer zu „ihrem ersten Absolvententreffen nach 10 Jahren". Bitten Sie sie, sich in mehreren Gruppen beliebig zusammenzusetzen.

2. Tragen Sie als der „Klassenlehrer des Absolventenjahrgangs" aus der Festzeitung zum Schulabschluß die Kurzcharakteristiken einiger „Ihrer Schüler von einst" vor, und lassen Sie sie erraten, von wem jeweils die Rede ist.

3. Regen Sie an, daß in den Gruppen jeder „Absolvent" den anderen seinen weiteren Werdegang nach der Schule schildert. Ermuntern Sie die „Absolventen", dazu Fotos zu zeigen und diese zu kommentieren.

4. Lassen Sie „Absolventen", die das möchten, mit anderen die Plätze tauschen oder umhergehen und miteinander Erinnerungen an die Schulzeit und den weiteren Lebensweg austauschen. Dort, wo es sich anbietet, sollten erneut Erinnerungsfotos einbezogen werden.

5. Zeigen Sie ältere Dias von Gebäuden Ihrer Stadt, die inzwischen abgerissen oder umgebaut wurden, jetzt anders genutzt werden o.ä. Dazu können „Absolventen", die weggezogen sind, ihre Fragen stellen, die von den „Einheimischen" beantwortet werden.

59

NIVEAU: ✶✶✶

LERNZIELE: Sprichwörter lesen, verstehen und interpretieren

MATERIAL: Arbeitsblatt mit Sprichwörtern, Wörterbuch

VORBEREITUNG:

Stellen Sie ein Arbeitsblatt mit deutschen Sprichwörtern und deren russischen Entsprechungen zusammen. Ordnen Sie die deutschen Sprichwörter in anderer Reihenfolge an als ihre russischen Entsprechungen. Eine Auswahl an Beispielen finden Sie auf S. 89. Kopieren Sie das Arbeitsblatt, und verteilen Sie es an alle Kursteilnehmer.

UNTERRICHTSVERLAUF:

1. Schlagen Sie vor, russische Sprichwörter im Original zu lesen und dazu in Vierergruppen zusammenzuarbeiten.

2. Lassen Sie die Kursteilnehmer den deutschen Sprichwörtern auf dem Arbeitsblatt die passenden russischen zuordnen und diese in der neuen Reihenfolge vorlesen. Sie können selbstverständlich auch andere Sprichwörter auswählen. Es sollten vor allem solche sein, die sich hinsichtlich ihres Wortschatzes in beiden Sprachen deutlich voneinander unterscheiden.

3. Bitten Sie die Lerner, von den Sprichwörtern auf dem Arbeitsblatt dasjenige auszuwählen, das ihnen besonders gefällt, ihre Entscheidung in den Gruppen kurz zu begründen und das Sprichwort zu interpretieren. Die Zuhörer sollten die Möglichkeit erhalten, dazu Stellung zu beziehen.

4. Regen Sie die Gruppen dazu an, sich von den Sprichwörtern auf dem Arbeitsblatt ein solches auszusuchen, dessen Aussage durch die Lebenspraxis sowohl bestätigt als auch widerlegt wird. Lassen Sie die eine Hälfte der Gruppe nach Situationen, Erlebnissen und Begebenheiten suchen, die dem Sprichwort recht zu geben scheinen, und die andere Hälfte Belege dafür anführen, die dem Sprichwort eher zu widersprechen scheinen. Dafür eignen sich z.B. Sprichwörter wie "Сказано - сделано." oder "Не откладывай на завтра, то что можно сделать сегодня." Die Auswertung kann in einer größeren Gruppe oder im Plenum erfolgen.

а) Без труда нет плода.

б) Коротко да ясно, оттого и прекрасно.

в) Не откладывай на завтра то, что можно сделать сегодня.

г) Сказано - сделано.

д) Поздно пришёл, только кости нашёл.

е) Повторение - мать учения.

ж) Опыт - лучший учитель.

з) Береги денежку на чёрный день.

и) Опыт лучше учения.

к) Копейка рубль бережёт.

---

1. Ein Mann - ein Wort.

2. Übung macht den Meister.

3. Wer nicht kommt zur rechten Zeit, der muß nehmen, was übrigbleibt.

4. Spare in der Zeit, so hast du in der Not.

5. Wer den Pfennig nicht ehrt, ist den Taler nicht wert.

6. In der Kürze liegt die Würze.

7. Ohne Fleiß kein Preis.

8. Probieren geht über Studieren.

9. Versuch macht klug.

10. Was du heute kannst besorgen, das verschiebe nicht auf morgen.

© Ernst Klett Verlag für Wissen und Bildung GmbH, Stuttgart 1996. Alle Rechte vorbehalten. (Vervielfältigung zum Unterrichtsgebrauch gestattet)

60

NIVEAU: ✶✶✶

LERNZIELE: Detailaussagen verstehen; über Städte, Länder, Reisen frei-variierend sprechen

MATERIAL: Landkarte, Fotos, Ferien- und Bäderbuch, Reisewörterbuch

UNTERRICHTSVERLAUF:

1. Erzählen Sie von der Stadt, in der Sie leben möchten. Zeigen Sie davon Fotos, schreiben Sie während des Vortrags unbekannte Wörter an die Tafel, und erklären Sie deren Bedeutung. Lassen Sie die Zuhörer den Namen Ihrer Traumstadt erraten.

2. Nach dem Vortrag erhalten die Kursteilnehmer die Möglichkeit, sich untereinander in der Gruppe darüber auszutauschen, welche Stadt das sein könnte, und sich auf einen mehrheitlich bevorzugten Namen zu einigen.

3. Fragen Sie die Gruppen nach dem Namen der Stadt, und lassen Sie sie ihre Vermutung kurz begründen. Lüften Sie danach das „Geheimnis", und nennen Sie den Namen.

4. Bitten Sie nun die Kursteilnehmer, sich auf einen Kurzvortrag über ihre Traumstadt vorzubereiten. Erarbeiten Sie dazu mit ihnen einen Redeplan. Zunächst tragen alle Gruppen getrennt voneinander Gliederungspunkte zusammen, ordnen diese, schreiben sie an die Tafel und stellen sie im Plenum zur Diskussion.

5. Entspricht der Redeplan nicht Ihren Erwartungen, können Sie Ihren Vortrag wiederholen. Orientieren Sie die Kursteilnehmer jetzt vor allem darauf, sich auf den Aufbau des Vortrags und die sprachlichen Mittel zu konzentrieren und den eigenen Redeplan zu vervollständigen. Ein Beispiel für einen Redeplan: Klima, Bedeutung, Lage, Umgebung, Größe, Geschichte, Sehenswürdigkeiten, Freizeitangebote, Entwicklungsperspektiven.

6. Geben Sie den Gruppen die Möglichkeit, zu den Gliederungspunkten des Redeplans Sachinformationen und sprachliche Mittel zusammenzutragen, dabei Hilfsmittel in Anspruch zu nehmen und mit dem Ausformulieren zu beginnen. Gehen Sie inzwischen umher, um bei auftretenden Fragen und Schwierigkeiten zu helfen. Wenigstens ein Vortrag sollte in jeder Gruppe gehalten werden.

7. Schlagen Sie vor, zu Hause an dem Vortrag weiterzuarbeiten, aufgetretene Unklarheiten zu notieren und sich in der Vortragsweise laut zu üben.

8. In der nächsten Unterrichtsstunde werden alle Fragen in der Gruppe oder im Plenum geklärt, weitere Vorträge in der Gruppe gehalten, diskutiert und nach Kriterien eingeschätzt.

VARIANTE:

Die Kursteilnehmer können ebenso auch über ihr Traumland oder ihre Traumreise erzählen.

61

NIVEAU: ∗∗∗

LERNZIELE: „brauchen“ und „müssen“ im Russischen, detailliertes Lesen, Gespräche führen

MATERIAL: Arbeitsblatt mit Rezepten (S. 92), Wörterbuch, Samowar, Konfitüre, Gebäck, Geschirr

UNTERRICHTSVERLAUF:

Erste Unterrichtsstunde

1. Schlagen Sie den Kursteilnehmern vor, am nächsten Unterrichtstag gemeinsam eine Teestunde abzuhalten. Bitten Sie dazu um Meinungsäußerungen.

2. Erzählen Sie den Kursteilnehmern, wie die Russen Tee zubereiten und trinken (S. 92).

3. Einigen Sie sich mit den Lernern, was sie für die Teestunde vorbereiten wollen, z.B. приготовить чай; купить/принести печенье, пироги, торт, пирожные, блины; принести самовар, посуду, варенье, сахар, мёд, конфеты, лимонный сок.

4. Teilen Sie die Kursteilnehmer in mehrere Gruppen, und händigen Sie jeder Gruppe ein anderes Rezept in mehreren Exemplaren aus, z.B. wie man Tee, Piroggen oder Plinsen zubereitet. Während sich die eine Hälfte jeder Gruppe über die erforderlichen Zutaten informiert, die entsprechenden Bezeichnungen im Rezept unterstreicht, der Frage „Что нам нужно?“ bzw. „Что надо взять?“ nachgeht, haben die übrigen Gruppenmitglieder den Auftrag, alles Wissenswerte über die Zubereitung in Erfahrung zu bringen, die entsprechenden Verben im Rezept zu markieren und die Frage „Что надо делать?“ zu beantworten.

5. Geben Sie den Gruppen Gelegenheit, sich gegenseitig über die für die Zubereitung benötigten Zutaten und die Art der Zubereitung zu informieren.

Zweite Unterrichtsstunde

6. Bitten Sie die Kursteilnehmer, allen mitzuteilen und zu zeigen, was sie vorbereitet und mitgebracht haben.

7. Teilen Sie die Kursteilnehmer in mehrere Gruppen: Die erste bereitet Tee zu. Die zweite deckt den Tisch. Die dritte entwirft eine Begrüßungsrede. Ermuntern Sie die Gruppen, sich untereinander möglichst nur russisch zu verständigen und unbekannte Wörter zu erfragen. Falls erforderlich, sollten dafür wichtige Wendungen vorher an der Tafel sichtbar gemacht werden, z.B. Давайте приготовим чай / накроем на стол. Где ...? Дай/те мне ...? Иди/те за ... . Принеси/те мне ... . Возьми/те ... . Положи/те ... . Добавь/те ... . Поставь/те ... .

8. Fordern Sie Gruppe 1 auf, den Tee zu servieren und dabei möglichst die Wünsche der einzelnen Kursteilnehmer zu erkunden und zu erfüllen.

9. Lassen Sie Gruppe 3 an die Anwesenden einige Worte der Begrüßung richten.

10. Führen Sie während der Teestunde ein Gespräch mit den Lernern über deren Lieblingsspeisen und über die russische Küche.

Глава семьи заваривает чай, а домохозяйка разливает его. Она знает лучше всех, какой чай каждый из семьи любит. К чаю обычно подают сахар, мёд, печенье, конфеты и разные сорта варенья. Варенье - это специально приготовленный из свежих фруктов или ягод конфитюр. Когда приходят гости, к чаю подают пирожные, пироги, торт домашнего приготовления и блины, а иногда ром или коньяк. Особенно долго и со вкусом пьют чай по воскресеньям, в праздничные дни или с гостями. Во время чаепития разговаривают и шутят.

Как готовить чай

Русские любят готовить чай в элекрическом самоваре. Самовар - металлический сосуд для кипятения воды с краном. На самоваре фарфоровый чайник. В нём готовят заварку. Это очень крепкий чайный концентрат. Чтобы приготовить заварку, в чайник кладут обычно 4-5 чайных ложек рассыпного чая и заливают кипятком. Через 5 минут заварка готова. Затем немного этой заварки разливают по чашкам или стаканам и разбавляют кипятком из самовара. К чаю подают много сладкого: сахар, различные сорта варенья, мёд, печенье и конфеты, пироги и пирожки, а иногда сливки, лимонный сок, ром или коньяк.

Как готовить блины

Нагрейте 100 граммов молока или воды, положите в них 10 г дрожжей, 125 г муки и сделайте из этого тесто. Поставьте его в тёплое место на 20-30 минут. Когда тесто поднимается, добавьте 20 г растопленного масла, немного соли, сахара, яйцо, 300 г молока и 125 г муки. Сделайте тесто. Ещё раз поставьте его в тёплое место на 30 минут. После этого вы можете печь блины. Положите готовые блины на тарелку и смажьте их маслом. Подайте блины со сметаной, с творогом или с джемом.

Как готовить сладкие пироги

Часов за пять до подачи на стол приготовить дрожжевое тесто. Берите на килограмм муки 20-40 г дрожжей. Разводите дрожжи в 250 г тёплой воды или молока. Замешивайте в жидкости одну треть муки. Тесто должно 2-3 часа стоять в тёплом месте (30-35°) и бродить. Потом надо добавить стакан тёплого молока или воды, 2 яйца, 3 столовые ложки масла или маргарина, одну столовую ложку сахара и одну ложку соли. Теперь надо высыпать остаток муки и заместить тесто. Поставьте тесто на час или два в тёплое место для брожения. Потом надо обмять тесто. После этого тесто готово. А сейчас надо приготовить начинку. Это совсем просто. Для этого вам нужны замороженные или свежие ягоды. Их нужно завернуть в тесто. Делайте из части теста колбаску и разрезайте её на кусочки толщиной примерно в два сантиметра. Затем делайте из каждого кусочка кружок диаметром приблизительно шесть сантиметров, а толщиной несколько меньше одного. Надо класть ягоды на каждый кружок теста и придать пирожку свою форму. Обычно пироги пекут в духовке на противене.

© Ernst Klett Verlag für Wissen und Bildung GmbH, Stuttgart 1996. Alle Rechte vorbehalten. (Vervielfältigung zum Unterrichtsgebrauch gestattet)

62

NIVEAU: ✶✶✶

LERNZIELE: detailliertes Lesen, Fragen stellen, verstehen und beantworten

MATERIAL: Arbeitsblatt mit Übersicht über Reiseangebote, Rußlandkarte, Prospekte, Poster, Fahr- und Flugpläne

VORBEREITUNG:

Gestalten Sie den Unterrichtsraum zu einem Moskauer Reisebüro um. Hängen Sie dort u.a. eine Rußlandkarte und Poster auf, legen Sie Prospekte, Fahr- und Flugpläne aus. Erstellen Sie ein Arbeitsblatt mit verschiedenen Reiseangeboten. Jedes Angebot sollte Aussagen zu folgenden Punkten enthalten: Monat, Ziel, Dauer, Transportmittel, Unterbringung, Verpflegung.

UNTERRICHTSVERLAUF:

1. Bilden Sie mehrere Gruppen, und regen Sie die Kursteilnehmer an, sich in ihrer Gruppe über ihre Urlaubsreisen in den vergangenen Jahren zu unterhalten, z.B. Куда вы ездили в отпуск в прошлых годах? Вы туда ездили на автомашине? Когда и с кем вы там были? Где вы жили? Вы были довольны устройством? Вы получили завтрак, неполный или полный пансион? Сколько дней вы там были? Что вы делали во время отпуска? Какие у вас были впечатления от ...?

2. Sagen Sie den Kursteilnehmern, sie seien in einem Moskauer Reisebüro, und machen Sie Reklame für einige Reiseziele in Rußland. Zeigen Sie dazu auf die Karte, auf Poster, Prospekte. Händigen Sie jedem in jeder Gruppe ein Arbeitsblatt aus. Die „Reisewilligen“ beraten sich in ihrer Gruppe über Vorzüge und Nachteile verschiedener Reiseangebote.

3. Nach der gemeinsamen Diskussion stellt sich jeder Kursteilnehmer mit Hilfe des Arbeitsblattes seine Reise allein zusammen und kreuzt dazu die entsprechenden Angaben an.

4. Schlagen Sie den „Reisenden“ vor, sich jemanden zu suchen, mit dem zusammen sie ihre Reise machen möchten. Der „Reisepartner“ muß mit ihnen in wenigstens fünf der sechs Angaben, darunter im Reiseziel, in der Wahl des Verkehrsmittels, in der Reisezeit und in der Art der Unterbringung, übereinstimmen. Fordern Sie die „Reisenden“ auf, sich gegenseitig nach diesen Punkten zu fragen.

5. Sobald sich „Reisepartner“ gefunden haben, stellen sie ihre Pläne der Gruppe vor.

63

NIVEAU: ✶✶✶

LERNZIELE: Gespräche führen, den Partner in seiner Entscheidung umstimmen

MATERIAL: Plakate, Programm(heft)e, Eintrittskarten, Tageszeitung mit lokalem Veranstaltungsplan, Funk- und Fernsehprogramme, Folie mit Wortschatzhilfen

VORBEREITUNG:

Beschaffen Sie sich mehrere Werbeplakate mit verschiedenen Freizeitangeboten, die zu deren Besuch anregen. Bringen Sie diese Plakate an gut sichtbarer Stelle im Unterrichtsraum an.

Stellen Sie auf einer Folie Argumentationshilfen für die Diskussion verschiedener Vorschläge bereit, z.B. Я считаю, что вам лучше понравится ... . Всё это верно, но я уже давно хотел/а ... . Я услышал/а, что ... . Я боюсь, это последний/единственный шанс ... . Сколько стоит ... . Билет ... стоит дешевле/дороже. В основном вы правы, но ... . Честно говоря, вы меня убедили.

UNTERRICHTSVERLAUF:

1. Lenken Sie die Aufmerksamkeit der Kursteilnehmer auf die Plakate und Programme, und erkundigen Sie sich bei den Lernenden nach dem aktuellen Freizeitangebot in ihrem Ort.

2. Formieren Sie wenigstens zwei, ggf. auch mehr Diskussionsgruppen, die sich für jeweils unterschiedliche Freizeitangebote interessieren.

3. Lassen Sie die Kursteilnehmer aller Gruppen Argumentationshilfen für und gegen unterbreitete Vorschläge zusammentragen, oder bieten Sie entsprechende Wendungen auf Folie für Lernende an, die im Argumentieren noch wenig geübt sind. Die Wendungen können u.a. übersetzt, vorgelesen und zu sinnvollen Äußerungen vervollständigt werden.

4. Geben Sie jeder Gruppe ausreichend Zeit, sich darauf vorzubereiten, die andere(n) Gruppe(n) für den eigenen Vorschlag zu gewinnen. Lassen Sie die Kursteilnehmer mit diesem Ziel Argumente finden und diskutieren, die für das eigene Vorhaben und gegen das der anderen sprechen. Die Orientierung auf bestimmte Gesichtspunkte, z.B. auf Beginn, Dauer, Ort, Entfernung, Attraktivität, Wiederholbarkeit der Veranstaltung, Serviceleistungen, Nachfrage nach und eigene Aussichten auf den Erhalt von Eintrittskarten, Unkosten usw., können die Vorbereitung zusätzlich unterstützen. Auf Wunsch werden diese Stichpunkte an die Tafel geschrieben.

5. Legen Sie fest, welche Gruppe damit beginnt, für ihren Vorschlag zu werben, z.B. für den Kinobesuch. Fordern Sie danach die andere(n) Gruppe(n) heraus, die Zuhörer für ihren Vorschlag zu gewinnen und sich mit den schon unterbreiteten Vorschlägen auseinanderzusetzen. An die kurzen Statements aller Gruppen schließt sich die freie Diskussion an, die mit einer öffentlichen Abstimmung über die Vorschläge enden kann.

VARIANTEN:

Für eine kontroverse Diskussion mit ähnlicher Zielstellung eignen sich u.a. auch die folgenden Alternativvorschläge:
- Ins Theater, in die Gemäldegalerie, ins Museum oder in den Zirkus?
- In die Oper, in die Operette, ins Ballett oder ins Konzert?
- In eine Ausstellung oder zu einer Sportveranstaltung?
- Urlaub/Ferien in Deutschland, Rußland, Frankreich oder Amerika?

64

NIVEAU: ✶✶✶

LERNZIELE: Personen beschreiben, über widersprüchliche Angaben diskutieren

MATERIAL: 2 Folien mit der Darstellung jeweils derselben Person aus unterschiedlichen Perspektiven und Entfernungen, Fotos (Dias) von Personen

VORBEREITUNG:

Kopieren Sie die Zeichnungen von S. 96 auf Folie.

UNTERRICHTSVERLAUF:

1. Interessieren Sie sich dafür, ob die Kursteilnehmer schon einmal eine Personenbeschreibung von jemandem geben mußten, aus welchem Grund, wo und wann das gefordert wurde.

2. Zeigen Sie den Kursteilnehmern Fotos, möglichst Dias, von sich in ihrem Äußeren deutlich unterscheidenden Personen, und lassen Sie auf dieser Grundlage Gesichtspunkte zusammentragen, die für eine Personenbeschreibung wichtig sein können, z.B. рост, фигура, возраст, цвет волос, причёска, лицо, глаза, нос, рот, особые приметы (борода, усы, очки, шрам, ...) und zu jedem Gesichtspunkt mehrere Aussagen treffen, z.B. человек среднего/ высокого/низкого роста usw. .

3. Versetzen Sie die Kursteilnehmer in die Situation, daß sie zufällig Zeugen eines Verkehrsunfalls mit tödlichem Ausgang (дорожно-транспортное происшествие со смертельным исходом) geworden seien, der Unfallverursacher Fahrerflucht begangen habe (скрылся с места происшествия) und jede Hälfte von ihnen den Flüchtigen aus unterschiedlicher Perspektive und Entfernung gesehen habe.

4. Zeigen Sie der ersten Gruppe die Folie mit der Darstellung der gesuchten Person aus größerer Entfernung und der zweiten Gruppe die Person aus geringerer Entfernung für jeweils zehn Sekunden. Fordern Sie die Kursteilnehmer beider Gruppen auf, eine möglichst genaue Personenbeschreibung des Flüchtigen anzufertigen. Dabei auftretende Fragen können innerhalb der Gruppen geklärt werden.

5. Bitten Sie die Kursteilnehmer der ersten Gruppe, jeweils ihrem Nachbarn die ausformulierte Personenbeschreibung vorzulesen. Die Zuhörer vergleichen die Personenbeschreibung mit der ihren, ergänzen ggf. das Gehörte, bekräftigen es oder widersprechen einzelnen Aussagen.

6. An die zusammenhängenden Darlegungen kann sich zwischen beiden Tatzeugen eine Diskussion über unterschiedliche Aussagen anschließen, in deren Ergebnis sich beide Gesprächspartner möglichst auf eine gemeinsame Beschreibung des Flüchtigen einigen sollten.

7. Regen Sie die Kursteilnehmer dazu an, in kleinen Gruppen auf der Grundlage der individuellen Entwürfe und unter Berücksichtigung der geführten Diskussionen eine möglichst präzise Personenbeschreibung für eine Suchmeldung der Polizei zu erarbeiten.

© Ernst Klett Verlag für Wissen und Bildung GmbH, Stuttgart 1996. Alle Rechte vorbehalten. (Vervielfältigung zum Unterrichtsgebrauch gestattet)

65

NIVEAU: ✶✶✶

LERNZIELE: Gegenstände beschreiben und Fragen zur Beschreibung beantworten

MATERIAL: Gegenstände „aus einem Fundbüro“

VORBEREITUNG:

Gestalten Sie einen Teil des Unterrichtsraumes zu einem Fundbüro mit Kleidungsstücken, Schreibutensilien, Taschen u.a. um.

UNTERRICHTSVERLAUF:

1. Führen Sie die Kursteilnehmer durch das improvisierte Fundbüro (стол находок), und lassen Sie sie die dort aufbewahrten Gegenstände russisch benennen, evtl. auch dazu Fragen stellen und beantworten.

2. Erkundigen Sie sich danach, wo sich das nächste Fundbüro befindet, wer dort aus welchem Grund war. Bitten Sie jemanden, der sich auskennt, das Fundbüro zu beschreiben.

3. Teilen Sie die Kursteilnehmer in eine Gruppe, die im Fundbüro tätig ist, und in zwei bis drei Gruppen, in denen jeweils einem anderen ein Gegenstand abhanden gekommen ist. Sammeln Sie von letztgenannten Gruppen entsprechende Gegenstände ein, die sich nur in Details voneinander unterscheiden sollten, und übergeben Sie sie an die „Mitarbeiter“ im Fundbüro.

4. Beauftragen Sie die Gruppen, sich auf ihre Rollen im Fundbüro vorzubereiten. Die „Mitarbeiter“ notieren sich Fragen zu den neuen „Fundsachen“, die sichern, daß nur deren Eigentümer sie zurückerhalten. Die übrigen Gruppen stellen und beantworten sich gegenseitig Fragen nach dem vermutlichen Ort, an dem sie die Gegenstände verloren haben könnten, nach deren Größe, Form, Farbe und Material, bis jeder von ihnen seinen Gegenstand möglichst genau beschreiben kann.

5. Diejenigen Kursteilnehmer, die nach einem ihrer Gegenstände suchen, beschreiben den „Mitarbeitern“ des Fundbüros nacheinander ihre Sachen. Sie erhalten ihre Fundsachen nur dann, wenn sie auch alle Fragen der „Mitarbeiter“ zufriedenstellend beantworten und ihr Eigentum nachweisen können. Die Gruppenmitglieder dürfen helfen.

6. Die Gruppen einigen sich darüber, ob sie eine Einladung zu einer Versteigerung (аукцион) nicht abgeholter Fundsachen annehmen.

7. Die „Mitarbeiter“ stellen die zu versteigernden Fundsachen vor, z.B. Мы продаём с аукциона ... на ... рублей. Кто больше даёт за ...? Die Kursteilnehmer der anderen Gruppen bieten mit, z.B. За ... я даю ... рублей.

66

NIVEAU: ✶✶✶

LERNZIELE: Knobeltexte detailliert lesen, Notizen anfertigen, gefundene Lösungen diskutieren

MATERIAL: Arbeitsblatt mit Lesetexten zum Knobeln

VORBEREITUNG:

Sammeln und/oder schreiben Sie selbst Lesetexte mit Knobelaufgaben, und übertragen Sie jeweils einen auf ein Arbeitsblatt, oder benutzen Sie zur Erstellung von verschiedenen Arbeitsblättern die Kopiervorlagen auf S. 99.

UNTERRICHTSVERLAUF:

1. Teilen Sie die Kursteilnehmer in zwei oder vier Gruppen etwa gleicher Größe, und übergeben Sie jeweils zwei Gruppen auf Arbeitsblättern ein und denselben Knobeltext.

2. Lassen Sie die Kursteilnehmer ihre Knobelaufgabe und den entsprechenden Text still lesen und die gefundene(n) Lösung(en) zunächst in ihrer Gruppe vorstellen. Greifen Sie nötigenfalls mit Vorschlägen helfend ein.

3. Die Kursteilnehmer tragen die Lösung(en) gruppenweise vor, begründen sie, antworten auf Fragen der Zuhörer, einigen sich bei verschiedenen Lösungen auf einen gemeinsamen Vorschlag und überprüfen diesen anhand des Textes.

4. Bestätigen Sie die vorgetragene(n) Lösung(en) bzw. versuchen Sie, die Kursteilnehmer durch geschickte Fragen und Orientierungen dazu zu befähigen, die richtige Lösung doch noch selbst bzw. einen kürzeren und sichereren Lösungsweg zu finden.

Lösungsschemata und Lösungen:

1. Давайте, поставим между именами знак “выше, чем ...“:

Николай > Роман > Виктор > Вадим > Иван > Юрий

2. Давайте, вырежем и упорядочим иллюстрации голов по тексту, например: 3-7-4-5-2-8-1-6

3. Давайте запишем один предмет под другим и рядом с этими данными указания количества:
математика - половина: 14
музыка - четверть: 7
размышление - седьмая часть: 4
остальные - три: 3
У учёного было 28 учеников.

4. Надо разделить 240 на 6. Царь-пушка весит 40 тонн, а Царь-колокол весит 200 тонн.

1. Прочитайте текст про себя и скажите, кто из футболистов самый высокий и кто самый низкий по росту.

   Виктор, Юрий, Вадим, Николай, Иван и Роман играют в футбольной команде. Они хорошие друзья. Все разного роста. А кто по росту высший, а кто наименьший? Давайте, сравним рост шести друзей. Виктор выше Юрия и Вадима. Юрий меньше Ивана, а Иван меньше Николая. Вадим выше Ивана. Николай выше Романа на три сантиметра и выше Виктора на пять сантиметров.

2. Прочитайте текст про себя и скажите, куда хозяйка должна посадить своих гостей, если она хочет выполнить их желания.

– Я не хочу сидеть с мужчиной в очках, - сказала первая женщина.

– Я не хочу сидеть с человеком, который курит, - сказала вторая женщина.

– Я не хочу сидеть с лысым мужчиной и с мужчиной, у которого борода, - сказала третья женщина.

И только четвёртой женщине нравились все мужчины, которые были на вечере.

– Я хочу, чтобы у женщины, с которой я буду сидеть, не было броши и не было высокой причёски, - сказал второй мужчина.

– Мы не хотим сидеть с блондинкой, - сказали первый и третий мужчины.

– А я хочу сидеть с блондинкой, - сказал четвёртый.

3. Прочитайте текст про себя и скажите, сколько учеников посещали школу учёного.

   Знаменитого учёного в старой Греции спросили: „Сколько учеников учатся в вашей школе и слушают ваши беседы?“ Учёный ответил: „Половина моих учеников изучает математику, четверть - музыку, седьмая часть проводит время в молчаливом размышлении, остальную часть составляют три ученика.“

4. Прочитайте текст про себя и скажите, сколько весит Царь-колокол, а сколько весит Царь-пушка.

   Когда туристы осматривают Московский Кремль, гиды почти всегда показывают им старинные пушку и колокол. За большую величину их назвали ”Царь-колокол“ и ”Царь-пушка“. Вместе они весят 240 тонн. Царь-колокол в пять раз тяжелее Царь-пушки.

© Ernst Klett Verlag für Wissen und Bildung GmbH, Stuttgart 1996. Alle Rechte vorbehalten. (Vervielfältigung zum Unterrichtsgebrauch gestattet)

67

NIVEAU: ✶✶✶

LERNZIELE: Informationen über Urlaubsziele einholen und erteilen, Reise buchen, Landeskunde

MATERIAL: Arbeitsblatt a) mit Informationen zu Städten und Entfernungen, b) mit Rußlandkarte, in der die Orte aus Arbeitsblatt (a) eingetragen wurden; Reiseprospekte, Wandkarte von Rußland

VORBEREITUNG:

Kopieren Sie für die Hälfte der Kursteilnehmer Arbeitsblätter mit Angaben zu Städten und Entfernungen (S. 101). Gestalten Sie für die andere Hälfte der Gruppe Arbeitsblätter mit einer Landkarte von Rußland, auf der die im anderen Arbeitsblatt enthaltenen russischen Städte mit Ziffern markiert sind.

UNTERRICHTSVERLAUF:

1. Teilen Sie die Kursteilnehmer in Vierergruppen. Je zwei Mitglieder jeder Gruppe übernehmen die Rolle eines Mitarbeiters im Reisebüro bzw. die von Touristen. Händigen Sie den „Mitarbeitern im Reisebüro" das Arbeitsblatt mit den Informationen über die Städte und Entfernungen, eine Rußlandkarte sowie Reiseprospekte, den „Touristen" das Arbeitsblatt mit der Landkarte aus. Geben Sie den Lernern ausreichend Zeit, sich die Arbeitsblätter anzusehen. Stellen Sie den Touristen die Aufgabe, sich „im Reisebüro" nach bestimmten Urlaubszielen, deren Lage, Entfernung und Sehenswürdigkeiten zu erkundigen.

2. Die „Touristen" verständigen sich im Gespräch über die Reiseroute, die „Mitarbeiter des Reisebüros" lesen die Städteinformationen, ergänzen diese, prägen sich einzelne Angaben ein und machen sich mit den an sie verteilten Reiseprospekten vertraut.

3. Die „Touristen" stellen den „Mitarbeitern des Reisebüros" ihre Reisewünsche vor, erbitten Zusatzinformationen über ihre Urlaubsziele, notieren sich diese auf ihrem Arbeitsblatt, lassen sich beraten, präzisieren oder ändern ihre Reisewünsche, buchen eine Reise oder nehmen davon Abstand.

4. Geben Sie den Gruppen, die das wünschen, die Möglichkeit, das Gespräch „im Reisebüro" im Plenum szenisch nachzugestalten. Die Zuschauer und Zuhörer äußern sich zum Inhalt und zur Darstellungsweise.

5. Die „Mitarbeiter des Reisbüros" und die „Touristen" erarbeiten sich jeweils paarweise Stichpunkte für die Präsentation einer Städtereise bzw. für einen Reisebericht. Gehen Sie umher, und beraten Sie die Kursteilnehmer bei Bedarf.

6. Geben Sie sowohl den „Angestellten des Reisebüros" als auch den „Touristen" Gelegenheit, ihre Präsentation bzw. ihren Bericht darzubieten. Daran kann sich eine Diskussion im Plenum anschließen.

Städteinformationen

1. **Санкт-Петербург**: Северная Венеция, Зимний дворец, белые ночи
2. **Петергоф**: летняя резиденция русских царей, Большой дворец, парки и фонтаны
3. **Павловск**: летняя резиденция Павла I., парк в английском стиле (600 га.), Большой дворец
4. **Царское Село**: летняя резиденция Екатерины II., Екатеринский дворец, до 1944 г. Янтарная комната
5. **Новгород**: был основан в 859 году, Софийский собор, памятник „Тысячелетие России"
6. **Тверь**: 1931-1990 гг. Калинин, дворец Екатерины II., Крылов
7. **Смоленск**: Глинка, Успенский собор, церковь Святого Духа
8. **Ярославль**: Спасо-Преображенский монастырь, место рождения русского театра, Некрасов
9. **Суздаль**: музейный город, средневековые монастырские сооружения, Рождественский собор
10. **Владимир**: первый центр Российской империи, Успенский собор, Золотые ворота
11. **Сергиев Посад**: центр Российской православной церкви, место паломничества, Троице-Сергиева лавра
12. **Москва**: столица России, Красная площадь, Большой театр
13. **Тула**: самоварная столица, кремль, оружейное ремесло
14. **Курск**: добыча железной руды, Сергиево-Казанский собор, заповедник
15. **Нижний Новгород**: третий город России по численности населения, Горький, ГЭС
16. **Волгоград**: до 1925 г. Царицын, до 1961 г. Сталинград, Мамаев курган
17. **Екатеринбург**: 1924-1992 гг. Свердловск, самый большой город на Урале, обсерватория
18. **Новосибирск**: самый большой город Сибири, Академгородок, станция Транссиб и Турксиб
19. **Иркутск**: юго-западнее Байкала, ГЭС, промышленный центр
20. **Владивосток**: самый большой порт на Тихом океане, аэропорт, конечная станция Транссиб

Entfernungsangaben

Москва - Берлин 1850 км, Москва - Мюнхен 2375 км, Москва - Гамбург 2110 км,

Москва - Санкт-Петербург 700 км, Москва - Смоленск 380 км, Москва - Тула 160 км,

Москва - Владивосток 9288 км

© Ernst Klett Verlag für Wissen und Bildung GmbH, Stuttgart 1996. Alle Rechte vorbehalten. (Vervielfältigung zum Unterrichtsgebrauch gestattet)

68

NIVEAU: ∗ ∗ ∗

LERNZIELE: detailliertes Lesen und Hören, für landestypische Umgangsformen sensibilisieren

MATERIAL: Kurzinformationen über landestypische und -untypische Umgangsformen von Russen

VORBEREITUNG:

Entwickeln Sie ein Arbeitsblatt mit typischen Beispielen für interkulturelle Unterschiede in den Umgangsformen von Russen und Deutschen vor und während einer Familienfeier, oder verwenden Sie die Kopiervorlage auf S. 103. Stellen Sie für alle Kursteilnehmer eine Kopie bereit.

UNTERRICHTSVERLAUF:

1. Lassen Sie sich Beispiele für interkulturelle Unterschiede in den Verhaltensweisen von Russen und Deutschen nennen, z.B. bei der Anrede, beim Bezahlen, beim Telefonieren, beim Adressieren eines Briefes oder beim Heranwinken eines Taxis.

2. Laden Sie nun die Kursteilnehmer zu einer russischen Familienfeier ein. Regen Sie an, daß sie sich in Dreier- oder Vierergruppen darauf vorbereiten und sich vor allem bestimmte interkulturelle Unterschiede gegenüber eigenen Verhaltensweisen bewußtmachen. Geben Sie dazu jeder Gruppe für alle Kursteilnehmer ein Arbeitsblatt mit Kurzinformationen über tatsächlich oder vermeintlich landestypische Umgangsformen und Gewohnheiten von Russen bei Feierlichkeiten.

3. Jeder Kursteilnehmer liest die Aussagen auf dem Arbeitsblatt still durch und kennzeichnet individuell die landestypischen Sachverhalte mit (+) und die landesuntypischen mit (–). Danach tauschen sich die Mitglieder der einzelnen Gruppen darüber aus, diskutieren Meinungsunterschiede und einigen sich im konkreten Fall nach Möglichkeit entweder auf (+) oder (–).

4. Bitten Sie jetzt die Gruppenvertreter, die Aussagen über die einvernehmlich oder zumindest mehrheitlich als untypisch für Russen gekennzeichneten Umgangsformen und Normen im Wechsel vorzulesen und unter Beteiligung aller Kursteilnehmer das für Russen in diesen Situationen Typische darzustellen.

Lösung zur Kopiervorlage:

1. –, 2. +, 3. –, 4. +, 5. –, 6. –, 7. +, 8. +, 9. +, 10. –, 11. +, 12. –, 13. +, 14. –, 15. –, 16. +

В гостях у русских

1. Русские обычно приглашают гостей письменно на три-четыре недели раньше указанного срока.
2. Без приглашения русские приходят только к очень хорошим друзьям.
3. Как правило, русские приходят в гости раньше начала празднества.
4. Русские обычно не приходят в гости без цветов. Если в доме есть маленькие дети, гости приносят для них конфеты или игрушки.
5. Русское угощение - это горячее и десерт.
6. Русские начинают обед или ужин с чашки кофе или мороженого.
7. Закуска обычно уже стоит на столе. На закуску подают различные салаты, солёные или маринованные огурцы, икра, колбаса, ветчина, сыр, ...
8. На второе предлагают горячее: мясо, птицу или рыбу с каким-нибудь гарниром.
9. После небольшого перерыва подают чай, пироги, торты, варенье, конфеты.
10. Вначале обычно пьют вина, затем крепкие напитки.
11. Во время еды тосты обязательны.
12. Курить за столом, как правило, допустимо.
13. Обед или ужин с друзьями продолжается обычно несколько часов.
14. За столом русские ни в коем случае не поют.
15. После обеда или ужина все собираются в соседней комнате, а домохозяйка убирает со стола.
16. Кто хочет, тот может танцевать. Приглашение на танец часто определено только на один танец.

© Ernst Klett Verlag für Wissen und Bildung GmbH, Stuttgart 1996. Alle Rechte vorbehalten. (Vervielfältigung zum Unterrichtsgebrauch gestattet)

69

NIVEAU: ✶✶✶

LERNZIELE: Artikelüberschrift rekonstruieren; Artikel schreiben, diskutieren, überarbeiten

MATERIAL: mehrere Zeitungsartikel, Briefumschläge mit Elementen aus Überschriften, Wörterbücher

VORBEREITUNG:

Sammeln Sie zu bereits behandelten Themen Zeitungsartikel mit einem Umfang bis zu 10 Sätzen und mit einem dem aktuellen Könnensniveau der Kursteilnehmer angemessenen Anforderungsgrad. Schneiden Sie für jeden Lernenden einen Artikel aus. Trennen Sie die Überschriften ab, zerschneiden Sie sie in Einzelwörter oder Wortgruppen, und bewahren Sie diese in Briefumschlägen auf.

UNTERRICHTSVERLAUF:

1. Teilen Sie die Kursteilnehmer in Vierergruppen, und händigen Sie jeder Gruppe einen Briefumschlag mit Einzelwörtern oder Wortgruppen aus vier Überschriften aus.

2. Beauftragen Sie die Gruppen, aus den Einzelwörtern bzw. Wortgruppen vier Überschriften von Zeitungsartikeln zu rekonstruieren. Falls erforderlich, gehen Sie anhand von Beispielen vorher auf typische Besonderheiten bei der Formulierung von russischen Zeitungsüberschriften ein (z.B. nominale Ausdrucksweise, Häufung von Objekten).

3. Fordern Sie die Gruppen auf, ihre Überschriften an die Tafel zu schreiben und vorzulesen, bei nicht akzeptablen Vorschlägen unter Beteiligung aller Gruppen nach überzeugenderen Lösungen zu suchen, mit diesem Ziel bestimmte Wörter auszutauschen oder umzustellen, die Überschriften schließlich mit denen im Original zu vergleichen.

4. Lassen Sie die Kursteilnehmer in ihren Gruppen mit Hilfe der rekonstruierten Überschriften Vermutungen darüber anstellen, worauf sich die entsprechenden Artikel beziehen und was sie beinhalten könnten. Achten Sie darauf, daß sich jeweils mehrere Kursteilnehmer zu jeder Überschrift äußern.

5. Schlagen Sie vor, daß sich jedes Gruppenmitglied eine (andere) der vier Überschriften auswählt und dazu einen Artikel verfaßt, der einen Umfang von 10 Sätzen möglichst nicht überschreiten sollte. Geben Sie den Lernenden dabei die nötige Hilfestellung.

6. Die entstandenen Artikel werden in der jeweiligen Gruppe vorgelesen, im Bedarfsfall korrigiert und hinterfragt.

7. Stellen Sie nun den Gruppen die Beiträge im Original zur Verfügung. Diese werden still gelesen und mit den selbst verfaßten verglichen. Dabei sollten besonders gelungene und stark überarbeitungsbedürftige Passagen entsprechend gekennzeichnet werden. Eine Überarbeitung der geschriebenen Artikel kann sich anschließen.

70

NIVEAU: ∗∗∗

LERNZIELE: Urlaubsgrüße lesen und beantworten, Absender charakterisieren

MATERIAL: Blatt für Notizen, handgeschriebene Briefe

VORBEREITUNG:

1. Bereiten Sie Lose mit den Namen aller Anwesenden vor. Lassen Sie jeden Beteiligten einen Namen ziehen und zu Hause an die betreffende Person einen Urlaubsgruß im Umfang von 10 bis 15 Sätzen schreiben. Einigen Sie sich mit den Lernenden darauf, daß der Absender mit einem russischen Namen unterschreibt und so anonym bleibt. Wenn es gewünscht wird, können Stichpunkte für den Urlaubsgruß vorgegeben werden, z.B. поездка в отпуск - настроение - погода - занятия и планы - приглашение.

2. Sammeln Sie die Urlaubsgrüße vor dem Unterricht ein, überprüfen Sie, ob der Adressat angegeben ist.

UNTERRICHTSVERLAUF:

1. Verteilen Sie die eingesammelten Urlaubsgrüße an die Adressaten, die ihren Brief lesen, Vermutungen über den Absender, dessen Charakter und Lebensstil anstellen und sich dazu Notizen machen.

2. Bilden Sie Dreier- oder Vierergruppen, regen Sie an, in der Gruppe die Briefe untereinander auszutauschen, zu lesen und Vermutungen über die jeweilige Persönlichkeit des Absenders auf dem Notizzettel zu vermerken.

3. Nachdem die Gruppenmitglieder alle Briefe kennen, erhält jeder den an ihn gerichteten zurück. Der erste Brief wird nun in der Gruppe vorgelesen. Danach tragen die Kursteilnehmer ihre Vermutungen über Charakter und Lebensstil des Verfassers zusammen und diskutieren darüber. Abschließend verständigen sie sich darüber, wer den Brief geschrieben haben könnte und setzen unter das Pseudonym den vermeintlichen Namen. Analog wird bei den anderen Briefen verfahren.

4. Bitten Sie die Mitglieder der einzelnen Gruppen, ihren Zuhörern im Plenum mitzuteilen, von wo und wem sie einen Brief erhalten haben. Erweist sich diese Vermutung als falsch, wird der vollständige Brief vorgelesen und von allen gemeinsam nach Anhaltspunkten für die Identität des Briefschreibers gesucht. Bleibt der tatsächliche Absender auch jetzt noch unerkannt, stellt dieser sich selbst vor.

5. Erteilen Sie den Kursteilnehmern abschließend die (Haus-)Aufgabe, auf den erhaltenen Urlaubsgruß möglichst adressatenbezogen zu antworten.

71

NIVEAU: ✶✶✶

LERNZIELE: Wortschatzwiederholung, Konjunktiv, Ratschläge erteilen, situationsgerecht reagieren

MATERIAL: Folie oder Arbeitsblatt mit Wortgruppen

VORBEREITUNG:

Stellen Sie eine Folie oder für jeden Lernenden ein Arbeitsblatt mit Wortgruppen zusammen, die Anregungen und sprachliche Hilfe für die Formulierung von Ratschlägen bei bestimmten Beschwerden geben, z.B. идти к врачу, запивать таблетки, полоскать горло, охлаждать, делать тёплые компрессы, лежать в постели, много спать, пить тёплый чай, не пить спиртные напитки, соблюдать диету, не есть сладкое, регулярно/медленно есть, меньше есть, больше двигаться, заниматься спортом, кататься на велосипеде, отдыхать на свежем воздухе, гулять, меньше работать, уехать в отпуск, изменить стиль жизни, консультироваться с психологом, решать свои проблемы, ...

UNTERRICHTSVERLAUF:

1. Interessieren Sie sich dafür, wie es den Kursteilnehmern gesundheitlich geht.

2. Sagen Sie, daß Sie schlecht schlafen und Zahnschmerzen haben. Bitten Sie die Kursteilnehmer um Ratschläge. Wenn die dafür notwendigen Sprachmittel nicht verfügbar sind, schreiben Sie folgende Satzanfänge an die Tafel und lassen sie zunächst ins Deutsche übersetzen:

я советую вам + Infinitiv, я рекомендую вам + Infinitiv, я предлагаю вам + Infinitiv, обязательно + Imperativ, по-моему, вам нужно бы/следовало бы + Infinitiv, на вашем месте я бы ... + Präteritum, Почему вы не ...?

Danach wenden Sie sich erneut an die Kursteilnehmer um Rat. Bleiben auch jetzt noch Ratschläge aus, sollten Sie die Wortgruppen auf der Folie sichtbar machen oder das dazu vorbereitete Arbeitsblatt ausgeben. Die Bedeutung der unbekannten Wörter und Wortgruppen wird gemeinsam geklärt.

3. Teilen Sie die Kursteilnehmer in sechs Gruppen auf. Fordern Sie sie auf, sich eine gemeinsame Krankheit zu überlegen, die dazu passenden Wortgruppen zusammenzutragen und sich zusammenhängend zum Krankheitsbild zu äußern. Dabei können die sprachlichen Hilfen auf der Folie bzw. auf dem Arbeitsblatt genutzt werden.

4. Die zu den Beschwerden passenden Wortgruppen werden im Plenum vorgelesen, ggf. korrigiert oder ergänzt. Fragen Sie nun aus jeder Gruppe jeweils einen Vertreter, was ihm fehlt. Nachdem dieser sich geäußert hat, sind alle anderen aufgerufen, ihm Ratschläge zu erteilen. Hierbei können sie sich auf die Folie oder das Arbeitsblatt stützen. Der Gruppenvertreter sollte auf die Ratschläge möglichst situationsgerecht reagieren.

5. Regen Sie an, in jeder Gruppe in Paaren einen Sketch zwischen Arzt und Patient vorzubereiten und ihn anschließend vor allen vorzuspielen.

72

NIVEAU: ✶✶✶

LERNZIELE: Leserzuschriften verstehend lesen und beantworten, Probleme diskutieren, Ratschläge erteilen

MATERIAL: Leserzuschriften, Arbeitsblatt, Briefführer, Wörterbücher

VORBEREITUNG:

Sammeln Sie in russischen Presseerzeugnissen veröffentlichte Leserzuschriften mit möglichst mehreren Antworten. Kopieren Sie auf die Vorderseite aller Arbeitsblätter die zuerst veröffentlichte Leserzuschrift und auf die Rückseite jeweils eine von mehreren Leserantworten.

UNTERRICHTSVERLAUF:

1. Erkundigen Sie sich, wer von den Kursteilnehmern gelegentlich Leserzuschriften liest, welche bevorzugt werden, ob jemand schon einmal eine Leserzuschrift verfaßt hat und ob sie veröffentlicht worden ist. Wenn dies der Fall war, geben Sie den Verfassern Gelegenheit, darüber zu sprechen, und den Zuhörern die Möglichkeit, weitere Fragen zu stellen.

2. Verteilen Sie an alle Kursteilnehmer ein Arbeitsblatt mit der die Leserdiskussion einleitenden Zuschrift auf der Vorderseite und einer von verschiedenen Antworten auf der Rückseite. Die Zuschrift auf der Vorderseite wird von jedem still gelesen. Während des Lesens oder danach werden jene Textstellen markiert, die das Grundanliegen des Leserbriefes verdeutlichen, und dazu Fragen bzw. Ratschläge für eine Antwort an den Verfasser stichpunktartig festgehalten.

3. Fassen Sie die Kursteilnehmer in mehreren Gesprächsgruppen zusammen. Berücksichtigen Sie dabei nach Möglichkeit, daß alle Leserantworten auf der Rückseite des Arbeitsblattes in jeder Gruppe präsent sind. Regen Sie an, daß sich die Gruppenmitglieder zu der Leserzuschrift äußern, deren Grundanliegen benennen, die notierten Fragen und Ratschläge vortragen, ggf. die eigenen Aufzeichnungen ergänzen.

4. Schlagen Sie nun vor, daß jeder in den Gruppen einen passenden Antwortbrief auf die Leserzuschrift im Umfang von nicht mehr als zehn Sätzen verfaßt. Dabei dürfen Briefführer und Wörterbuch verwendet werden.

5. Lassen Sie die Verfasser ihre Leserantworten in der Gruppe nacheinander vorlesen, die Zuhörer sich dazu Notizen machen und dann über die Ratschläge diskutieren.

6. Fordern Sie die Gruppenmitglieder auf, die Antwortbriefe auf der Rückseite des Arbeitsblattes zunächst still zu lesen, dabei jene Passagen anzustreichen, die neue Betrachtungsweisen für die Diskussion enthalten. Diese werden vorgelesen und diskutiert.

7. Bitten Sie jede Gruppe, das Ergebnis ihrer Diskussionen in einem gemeinsamen Leserbrief zusammenzufassen.

8. Die Leserantworten aus den Gruppen können im Plenum vorgetragen und abschließend diskutiert werden.

73

NIVEAU: ✶✶✶

LERNZIELE: Wortschatzsystematisierung, Vermutungen äußern und begründen, diskutieren

MATERIAL: Arbeitsblatt, Fotos, Musiktitel, Tonträger

VORBEREITUNG:

Stellen Sie eine dreispaltige Übersicht mit Genrebezeichnungen aus der Musik, mit Komponisten- sowie mit Interpretennamen zusammen (Beispiel S. 109), und kopieren Sie diese auf eine Folie. Bitten Sie die Lerner, Musikaufzeichnungen, die ihnen gefallen, mitzubringen.

UNTERRICHTSVERLAUF:

1. Spielen Sie einen Musiktitel an, und erkundigen Sie sich, wie den Zuhörern der Beitrag gefällt, wer sich sehr und wer sich weniger für Musik interessiert, wer selbst ein Instrument spielt usw.

2. Bieten Sie die Übersicht auf der Folie dar. Lassen Sie die Wortreihen still lesen, ggf. unbekannte Wörter gemeinsam klären, Beispiele für die genannten Musikgattungen anführen, Aussagen über die Nationalität der Komponisten und Interpreten treffen, ihre Namen mit musikalischen Genres in Verbindung bringen.

3. Bitten Sie die Lernenden, sich die von ihnen und anderen Kursteilnehmern bevorzugten musikalischen Gattungen, ihren Lieblingskomponisten und -interpreten auf einem Zettel zu notieren.

4. Fordern Sie die Lernenden auf, sich darüber zu äußern, welche Art von Musik, welchen Komponisten und Interpreten Frau .../ Herr ... vermutlich bevorzugt, und diese Vermutung nach Möglichkeit zu begründen. Geben Sie jeweils danach dem betreffenden Kursteilnehmer Gelegenheit, zu den geäußerten Vermutungen Stellung zu nehmen, den eigenen musikalischen Geschmack zu verdeutlichen, vielleicht sogar seinen Lieblingstitel auf Kassette vorzustellen und zu kommentieren.

5. Regen Sie abschließend eine Diskussion über aktuelle Entwicklungstrends in der Musik, über die Rolle bestimmter Komponisten, musikalischer Gattungen, Werke und Interpreten an. Legen Sie dabei besonderen Wert auf die Begründung der geäußerten Meinungen.

VARIANTE:

Wenn sich Ihre Kursteilnehmer mehr für Kunstwerke und Stilrichtungen in der Malerei, für Genres in der Filmkunst oder für bestimmte Sportarten interessieren, können Sie diese Themen ebensogut in den Mittelpunkt der Unterrichtsstunde stellen und methodisch ähnlich vorgehen.

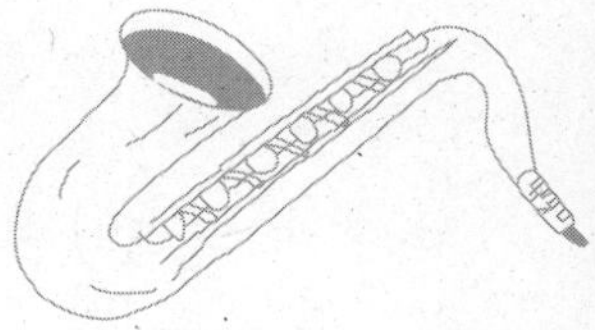

жанры музыки	композиторы	исполнители
опера	Бах	АББА
оперетта	Бетховен	Авиа
мюзикл	Верди	Алиса
балет	Глинка	Битлс
камерная музыка	Дворжак	Бон Жови
хоровое пение	Кальман	Готт
народная музыка	Лёве	Карузо
марш	Моцарт	Преслей
эстрадная музыка	Портер	Принцы
кино-музыка	Прокофьев	Пугачёва
джаз	Чайковский	Р.Е.М.
поп	Шостакович	Шаляпин
рок	Штраус	Шрайэр
танцевальная музыка	...	...

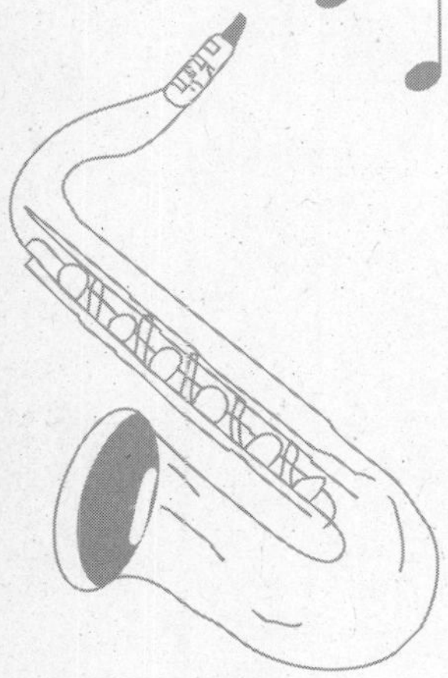

© Ernst Klett Verlag für Wissen und Bildung GmbH, Stuttgart 1996. Alle Rechte vorbehalten. (Vervielfältigung zum Unterrichtsgebrauch gestattet)

74

NIVEAU: ✶✶✶

LERNZIELE: Gebrauch des Konjunktivs in Einzelaussagen und Fragen

UNTERRICHTSVERLAUF:

1. Bitten Sie einen beliebigen Kursteilnehmer, den Unterrichtsraum für kurze Zeit zu verlassen. Die anderen Lernenden einigen sich auf einen bestimmten Beruf, der erraten werden soll, und tragen über diesen Beruf einige Hinweise im Konjunktiv zusammen. Bei Bedarf können dazu Satzanfänge an die Tafel geschrieben werden, z.B. Если бы я был/а на вашем/твоём месте, я бы (обязательно) ...

2. Sobald der Kursteilnehmer den Raum wieder betreten hat, erhält er die Aufgabe, mit Hilfe der gegebenen Hinweise einen bestimmten Beruf zu erraten. Ist z.B. der Beruf des Pianisten zu erraten, können u.a. folgende Hinweise gegeben werden: Если бы я был на вашем/твоём месте, я бы обязательно купил смокинг. …, я бы часто выступал в баре/на сцене театра. …, я совершал бы несколько раз в год турне. …, я должен был бы много упражняться. …, я часто играл бы на инструменте. Bei diesen Hinweisen ist darauf zu achten, daß dem Kursteilnehmer das Raten nicht zu leicht gemacht wird.

3. Die ratende Person darf ihrerseits Entscheidungsfragen nach folgendem Muster an ihre Ratgeber stellen: Если бы вы были на моём месте, вы играли бы в оркестре? ..., вы выступали бы солистом на концерте? usw. Die Fragen dürfen nur mit einem Wort beantwortet werden, z.B. mit да, нет, иногда, редко.

4. Lassen Sie die Kursteilnehmer sich zu ihren Träumen unter gewissen Voraussetzungen, die Sie vorgeben, aber auch zusammentragen lassen können, äußern, z.B.

Если бы я мог/ла свободно выбрать среди профессий, …
Если бы я вышёл/вышла замуж за богатого мужа, …
Если бы я был хорошим пианистом, …

75

NIVEAU: ∗∗∗

LERNZIELE: Vermutungen äußern und begründen; Werbeanzeigen lesen, analysieren und erstellen

MATERIAL: Zeitungen und Zeitschriften, je zwei verschiedene Werbeanzeigen zu einem Produkt

VORBEREITUNG:

Sammeln Sie verschiedene Werbeanzeigen mit Illustrationen zu jeweils denselben Verkaufsprodukten aus russisch- und deutschsprachigen Presseerzeugnissen. Wählen Sie davon wenigstens zwei in mehreren Versionen aus. Kleben Sie die Anzeigen auf Karton, und zerschneiden Sie je Produkt eine Anzeige in russischer Sprache in sechs bis acht Teile.

UNTERRICHTSVERLAUF:

1. Verteilen Sie an jeden Kursteilnehmer eine russischsprachige Zeitung oder Zeitschrift. Geben Sie den Lernenden fünf Minuten Zeit, sich zu notieren, welche Firmen für welche Verkaufsprodukte werben.

2. Stellen Sie den Kursteilnehmern zur Produktwerbung in russischen Zeitungen u.a. folgende von ihnen zu beantwortende Fragen: Какую роль играет реклама в российских газетах и журналах? Сравните рекламу в России и в Германии. Как вам нравится реклама в российских публикациях? Какие фирмы рекламируют изделия? Какие изделия они рекламируют?

3. Befestigen Sie an der Hafttafel ein Puzzleteil einer russischsprachigen Werbeanzeige, und lassen Sie raten, für welches Produkt geworben werden könnte. Bei Bedarf können die Lerner vorher häufig gebrauchte Redemittel zum Ausdruck von Vermutungen zusammentragen.

4. Machen Sie nach und nach weitere Puzzleteile an der Tafel sichtbar, bis das Verkaufsprodukt ermittelt ist. Lassen Sie die Lernenden nach Möglichkeit ihre Vermutungen begründen. Auf die gleiche Weise können die Kursteilnehmer noch ein zweites Produkt erraten.

5. Regen Sie an, verschiedene Werbeanzeigen zum möglichst gleichen Produkt in russisch- und deutschsprachigen Presseerzeugnissen vergleichend zu lesen, Gemeinsames und Unterschiedliches hervorzuheben, wichtige Wörter und Wendungen an die Tafel zu schreiben, Meinungen zu den Anzeigen auszutauschen und diese zu begründen.

6. Teilen Sie die Kursteilnehmer in Dreiergruppen auf, und schlagen Sie ihnen vor, selbst in Gruppenarbeit einen Werbetext und eine Illustration zu einem Verkaufsprodukt zu entwerfen. Bieten Sie den Gruppen dazu eine Auswahl solcher Produkte an, von denen Sie eine russischsprachige Werbeanzeige besitzen.

7. Bitten Sie die Gruppen, ihre Werbeanzeigen vorzustellen. Die Grundidee, ihre Umsetzung und Vorschläge aus anderen Gruppen werden diskutiert und danach mit der Originalanzeige und ggf. weiteren Anzeigen zu dem gleichen Verkaufsprodukt verglichen und beurteilt.

76

NIVEAU: ✶✶✶

LERNZIELE: Zeitungstexte kursorisch, selektiv und detailliert lesen; Fragen beantworten, diskutieren

MATERIAL: Zeitungsseiten aus verschiedenen russischsprachigen Presseerzeugnissen, Wörterbücher

VORBEREITUNG:

Sammeln Sie Zeitungsseiten mit jeweils mehreren Beiträgen zur Außenpolitik, Innenpolitik, Kultur oder zum Sport aus verschiedenen russischsprachigen Presseerzeugnissen. Wählen Sie jeweils einen dieser Themenbereiche aus, und verteilen Sie dazu an die Lernenden je eine Zeitungsseite mit wenigstens zwei Artikeln.

UNTERRICHTSVERLAUF:

1. Informieren Sie sich, welche der in Rußland herausgegebenen Zeitungen und Zeitschriften die Kursteilnehmer vom Namen her kennen, was sie darüber wissen und davon halten. Zeigen sich hier große Defizite, machen Sie die Lernenden mit einigen wichtigen Presseerzeugnissen und deren Leserkreis näher bekannt.

2. Treten Sie nun mit den Kursteilnehmern in einen Erfahrungsaustausch, wie sie Zeitung lesen, wenn sie sich orientieren, sie die Hauptgedanken eines Artikels erfassen, einzelne Textstellen vollständig verstehen und bestimmte Informationen auffinden wollen. Machen Sie ihnen nötigenfalls die unterschiedlichen Vorgehensweisen an Beispielen bewußt.

3. Bitten Sie alle Kursteilnehmer, von den Beiträgen auf ihrer Zeitungsseite z.B. einen beliebigen Sportartikel auszuwählen, diesen (unter sparsamer Verwendung des Wörterbuchs) still zu lesen und dazu eine möglichst interessante Frage an die Tafel zu schreiben, die nur nach der Lektüre des betreffenden Artikels beantwortet werden kann.

4. Sammeln Sie die Sportseiten wieder ein, und heften Sie sie an die Wände des Unterrichtsraums. Erteilen Sie den Kursteilnehmern die Aufgabe, die Fragen an der Tafel zu beantworten. Dazu erhalten die Lernenden zunächst Gelegenheit, sich die Fragen gründlich durchzulesen und unbekannte Wörter nachzuschlagen. Um die Fragen beantworten zu können, müssen sie die Zeitungsseiten überblickhaft lesen, den Artikel auf der jeweiligen Seite ausfindig machen, auf den sich eine der Fragen bezieht, diesen Artikel teils aufsuchend und teils detailliert lesen. Stellen Sie dafür ausreichend Zeit zur Verfügung.

5. Fordern Sie die Kursteilnehmer auf, die Fragen an der Tafel zu beantworten, die Antworten ggf. zu ergänzen, zu kommentieren und zu diskutieren.

6. Wenn Sie mit den Kursteilnehmern bereits mehrere Themenbereiche und Rubriken in russischsprachigen Presseerzeugnissen auf ähnliche Weise wie oben behandelt haben, empfiehlt es sich, die Lernenden nach ihrer Meinung über die einbezogenen Zeitungen und Zeitschriften zu befragen, diese begründen und bei gegensätzlichen Auffassungen diskutieren zu lassen.

77

NIVEAU: ✶✶✶

LERNZIELE: Fragen stellen, Wünsche äußern und begründen

MATERIAL: Prospekte für den Bürobedarf

UNTERRICHTSVERLAUF:

1. Bitten Sie die Kursteilnehmer, Ihnen technische Geräte in Beruf und Freizeit zu nennen, die sie besonders schätzen. Schreiben Sie die Bezeichnungen an die Tafel, z.B. компьютер, принтер, ксерокс, телефон, автоответчик, факс, радио, кассетник, плейер, телевизор, видео-магнитофон, видеокамера, фотоаппарат, … .

2. Bilden Sie mehrere Gruppen, und stellen Sie allen die Aufgabe, für ein neu einzurichtendes Büro eine Anschaffungsliste zusammenzustellen.

3. Bitten sie nun die Gruppen, unter mehreren Angeboten an Büromobilar und -technik das günstigste auszuwählen. Die Lernenden machen sich anhand der Prospekte mit verschiedenen Angeboten vertraut, vergleichen diese mit ihrer Anschaffungsliste, diskutieren die Dringlichkeit, Vor-und Nachteile bestimmter Anschaffungen und einigen sich auf eines der Angebote.

4. Die Gruppen geben ihre Entscheidung im Plenum bekannt und begründen sie.

78

NIVEAU: ✶✶✶

LERNZIELE: Entscheidungsfragen stellen, unbestimmt darauf antworten

MATERIAL: Folie mit Stichpunkten

UNTERRICHTSVERLAUF:

1. Stellen Sie an die Kursteilnehmer Entscheidungsfragen zu ihrer Person, die von ihnen zu beantworten sind, z.B.
- Ваша фамилия - Мюллер?
- Нет.
- Вы учите русский язык уже второй год?
- Да.
usw.

2. Wenn Sie stets „да" oder „нет" zur Antwort erhalten, dann erklären Sie den Kursteilnehmern, daß es nicht gut ist, sich so ausfragen zu lassen und während des Gesprächs die Initiative allein dem Partner zu überlassen. Raten Sie den Lernenden, gelegentlich auch Fragen ausweichend zu beantworten und selbst den Verlauf des Gesprächs zu bestimmen.

3. Bitten Sie die Kursteilnehmer, Ihnen Entscheidungsfragen zu Ihrer Person zu stellen und auf Ihre Antworten zu achten, z.B.
- Ваша фамилия - Шульце?
- Совершенно верно. / Вы путаете меня с моей сестрой. / Почему вы спрашиваете?
- Вы окончили университет?
- Я училась в вузе.
- Вы бывали во время учёбы в России?
- Бывал(а). / Через месяц туда поеду в первый раз. usw.

4. Stellen Sie einzelne der unter 1. gestellten Fragen erneut mehreren Kursteilnehmern. Sagen Sie ihnen, daß sie die Fragen nicht mit „да" oder „нет" beantworten möchten. Lassen Sie zu jeder Frage möglichst viele verschiedene Antworten zusammentragen.

5. Teilen Sie die Lernenden in zwei oder vier etwa gleich große Gruppen auf. Geben Sie auf einer Folie Stichpunkte für Entscheidungsfragen vor, die sich auf die Person der Gesprächspartner beziehen, z.B. Name, Alter, Wohnort, Beruf, Familienstand usw. Fordern Sie die Gruppen auf, sich darauf vorzubereiten, die Entscheidungsfragen anderer Gruppen zügig zu beantworten, ohne dabei jedoch „да" oder „нет" zu verwenden.

6. Schlagen Sie den Gruppen vor, daß sich jeweils zwei von ihnen einander gegenübersetzen, daß die erste die Entscheidungsfragen stellt und die zweite diese zügig beantwortet. Sobald eine der Fragen mit „да" oder „нет" beantwortet wird, wechseln beide Gruppen ihre Rollen.

79

NIVEAU: ✶✶✶

LERNZIELE: Landeskunde, Hör- und Leseverstehen entwickeln, Meinungen austauschen, berichten

MATERIAL: Rußlandkarte, Dias, Arbeitsblatt, Wörterbücher

VORBEREITUNG:

Bereiten Sie für jeden Kursteilnehmer ein Arbeitsblatt mit Einzelaussagen über die Geografie Rußlands vor. Sie können aber auch die Kopiervorlage auf S. 116 verwenden.

UNTERRICHTSVERLAUF:

1. Leiten Sie die Unterrichtsstunde mit einem Kurzvortrag über Rußland ein. Zeigen Sie u.a. die Grenzen, wichtige Flüsse, Seen, Städte. Beziehen Sie geeignete Dias ein.

2. Verteilen Sie die Arbeitsblätter an die Kursteilnehmer, und stellen Sie ihnen die Aufgabe, innerhalb einer bestimmten Zeit die Einzelaussagen über die Geografie Rußlands still zu lesen, unbekannte Wörter nachzuschlagen sowie die Aussagen auf ihre sachliche Richtigkeit hin zu überprüfen. Geben Sie den Lernenden die Möglichkeit, bei der Überprüfung der sachlichen Korrektheit der Angaben Hilfsmittel zu benutzen, z.B. die Rußlandkarte, entsprechende Texte aus dem Lehrbuch und aus anderen Quellen. Wer mit diesen Aufgaben vorzeitig fertig ist, kann damit beginnen, die erkannten sachlichen Fehler zu korrigieren.

3. Lassen Sie die Kursteilnehmer in Gruppenarbeit über die sachliche Richtigkeit der geografischen Angaben diskutieren.

4. Regen Sie alle Lernenden an, unter Einbeziehung der Fakten auf dem Arbeitsblatt ihre Gedanken über die Größe, Weite und die landschaftlichen Reize Rußlands paarweise auszutauschen. Gehen Sie im Raum umher, und greifen Sie im Bedarfsfall in die Gespräche helfend ein.

5. Lassen Sie die Kursteilnehmer in einem Brief ihre Eindrücke über den „Riesen“ Rußland zusammenfassen.

Richtigstellungen:

3. 9000 км, 6. по Уральским горам, 7. Лена (без притоков), 10. Кремль находится также в Новгороде, Пскове, Смоленске, Нижнем Новгороде, Ростове на Дону и других средне-вековых русских городах. 12. на реке Волхов, 13. на берегу Чёрного моря, 15. у Тихого океана.

1. Россия - самая большая страна мира.
2. Россия больше Германии в 48 раз.
3. От западной границы России до Тихого океана 8000 километров, от Мурманска до Чёрного моря 4000 километров.
4. Когда москвичи ложатся спать, жители Владивостока уже встали.
5. Длина Транссибирской железной дороги - 9297 километров.
6. Граница между европейской и азиатской частью России проходит по Волге.
7. Волга - самая длинная река России.
8. Самое глубокое озеро Земли - Байкал.
9. Эльбрус на Кавказе - самая высокая гора России. Его высота 5642 метра.
10. Только в Москве есть кремль.
11. Санкт-Петербург называют „Северной Венецией“, потому что город на Неве стоит на 101 острове.
12. Старинный Новгород, основанный в 859 году, находится на Волге. Это родной город русского писателя Максима Горького.
13. Сочи - один из самых известных курортов России в Крыму.
14. Бухта Бабушка - на озере Байкал.
15. Владивосток - важный промышленный центр на Урале.

правильно: +

неправильно: –

© Ernst Klett Verlag für Wissen und Bildung GmbH, Stuttgart 1996. Alle Rechte vorbehalten. (Vervielfältigung zum Unterrichtsgebrauch gestattet)

80

NIVEAU: ✶✶✶

LERNZIELE: Wohnungen beschreiben, Gespräche führen

MATERIAL: Arbeitsblätter für Makler und Käufer, Grundrisse von Eigentumswohnungen

VORBEREITUNG:

Entwickeln Sie Arbeitsblätter für Makler und Käufer. Beide Arbeitsblätter sollten jeweils die gleichen Grundrisse von Eigentumswohnungen, jedoch unterschiedliche Redemittel bereitstellen. Für Makler: Разрешите предложить вам ... . Жилплощадь - ... квадратных метров. В квартире ... комнат/ы. Здесь находится ... . стоит ... . Für Käufer: Меня очень интересует ... . Мне (не) очень нравится ..., потому что ... . Мне кажется, это выгодная/слишком дорогая оферта. У других маклеров/фирм стоит ... . Предлагаю, мы выберем ..., потому что ... . Больше всего мне хотелось бы ... . Я (не) согласен/ согласна.

UNTERRICHTSVERLAUF:

1. Stellen Sie den Kursteilnehmern verschiedene Grundrisse von Eigentumswohnungen (индивидуальная квартира) vor, und überprüfen bzw. vermitteln Sie dabei in Frage und Antwort notwendigen Wortschatz, z.B. терраса, гараж, сад, балкон, детская, кухня, ...

2. Teilen Sie die Kursteilnehmer in „Makler“ und „Käufer“, und übergeben Sie ihnen die Arbeitsblätter. Je zwei „Makler“ bzw. zwei „Käufer“ arbeiten zusammen. Lassen Sie die „Makler“ zunächst eine Beschreibung der von ihnen zu verkaufenden Wohnung und die „Käufer“ eine Beschreibung der von ihnen erträumten Wohnung mit Hilfe der Arbeitsblätter erarbeiten.

3. Stellen Sie Arbeitsgruppen aus je zwei „Maklern“ und zwei „Käufern“ zusammen. „Makler“ und „Käufer“ informieren sich gegenseitig über ihre Angebote bzw. Wünsche und beschreiben dabei die jeweiligen Wohnungen. Regen Sie die „Makler“ dazu an, die „Käufer“ bei ihrer Entscheidung zu beraten.

4. Schlagen Sie vor, daß sich jede Gruppe noch mit einer benachbarten über die Kaufangebote berät. Mögliche Fragen: Что вы думаете о ...? Что говорит в пользу / против этой оферты? Что показывает сравнение с офертами других маклеров / фирм? Какую оферту вы предпочитаете? Почему вы хотите купить ...? Почему вы не будете выбирать ...?

5. Regen Sie an, daß „Makler“ und „Käufer“ sich auf eines der angebotenen Objekte einigen und nun den Kaufvertrag aushandeln.

81

NIVEAU: ✶ ✶ ✶ bis ✶ ✶ ✶ ✶

LERNZIELE: landeskundliche Informationen, detailliertes Hören, Zweifel ausdrücken

MATERIAL: großformatige Fotos von Städten, kurze Texte über bekannte Sehenswürdigkeiten

UNTERRICHTSVERLAUF:

1. Laden Sie die Kursteilnehmer zu einem Vortrag über eine russische Stadt ein, und wecken Sie das Interesse für eine Touristenreise dorthin.

2. Regen Sie an, jeder möge sich vor einer solchen Reise testen, wie gut ihm die jeweilige Stadt vertraut ist. Kündigen Sie an, daß Sie eben zu diesem Zweck in Ihren Vortrag einige Sachfehler eingebaut hätten. Erteilen Sie an alle Zuhörer den Auftrag, sich diejenigen Sachverhalte zu notieren, an deren Richtigkeit sie zweifeln. Zeigen Sie während des Vortrags nach Möglichkeit auch einige Fotos.

3. Teilen Sie die Kursteilnehmer in kleine Gesprächsgruppen auf, und lassen Sie sie darüber diskutieren, wie ihnen der Vortrag gefallen, wo sich der Referent offenbar versprochen oder geirrt habe und festgestellte Sachfehler richtigstellen, z.B. Какой интересный доклад! Стоит поехать в ... . Как жаль, что в докладе были обмолвки и ошибки. Да, вы правы, докладчик оговорился/ошибся, когда он сказал, что ... . Что вы говорите! Я не совсем уверен/а в том, ослышался/ослышалась ли я, когда ... . Совершенно верно. А как это правильно? Я думаю ... . По-моему, ... Мне кажется, что ... .

4. Jede Gruppe erhält einen kurzen Lesetext über eine bekannte Sehenswürdigkeit der jeweiligen Stadt. Auf der Grundlage des Textes werden Kurzvorträge über die Sehenswürdigkeit erarbeitet und in der Gruppe bzw. im Plenum gehalten. Daran kann sich ein Gespräch oder Rollenspiel anschließen.

Дамы и господа, сегодня мы осмотрим московский Кремль. Это красивое *здание* знают во всём мире. Кто не осмотрел Кремль, тот не был в Москве. Кремль, как вы, наверно, знаете, находится в центре Москвы *на Красной площади*. Это самая большая крепость в мире. Кремлю больше восьмисот лет. Его начал строить в середине 12-ого века *Иван Грозный*, первый русский царь. Территория Кремля - 28 гектаров. Вокруг Кремля построили толстую стену из дерева, а в 14-ом и 15-ом веках из камня. Её высота 19 метров и её длина 2335 метров. На стене 20 больших и маленьких башен, среди них известная *Татарская* башня с Кремлёвскими часами и курантами. В Кремле раньше жили русские цари, а теперь там работает президент России. На территории Кремля находятся красивые соборы, великолепные дворцы и знаменитый *Большой театр*. В парке Кремля москвичи и их гости любят гулять и отдыхать. Там вы увидите Царь-колокол с высотой в шесть метров и весом в двести тонн и огромную Царь-пушку. Оружейная палата в Кремле - один из самых красивых музеев мира. Там показывают драгоценные оружия и камни царей и *самые новые автомашины*. ...

82

NIVEAU: ✶✶✶ bis ✶✶✶✶

LERNZIELE: kursorisches Lesen; Fragen stellen, verstehen und beantworten; Artikel schreiben

MATERIAL: Lesetexte zu Wiederholungsthemen, Karten mit Stichwörtern

VORBEREITUNG:

Sammeln Sie Lesetexte zu wichtigen Wiederholungsthemen, und passen Sie sie bei Bedarf dem Könnensniveau der Lernenden durch Lesehilfen an. Bereiten Sie zu jedem Thema mit den Texten und dem Voraussetzungswissen der Lernenden abgestimmte Karten mit Stichwörtern vor, die zum Stellen von Fragen anregen.

UNTERRICHTSVERLAUF:

1. Interessieren Sie sich in einem Gespräch für die speziellen Interessen und Neigungen der Kursteilnehmer und für ihre Meinung, welchen Einfluß Künstler und Journalisten auf die öffentliche Meinung haben.

2. Laden Sie zu Journalistengesprächen mit Experten über verschiedene, inhaltlich aber miteinander verbundene Themen, z.B. über das Leben und Werk bekannter Persönlichkeiten aus der russischen Geschichte oder Kunst und Literatur oder Wissenschaft, ein. Bilden Sie zu diesem Zweck mehrere Vierer- oder Fünfergruppen aus jeweils zwei „Experten“ und zwei bzw. drei „Journalisten“. Händigen Sie den beiden „Experten“ jeder Gruppe nach Möglichkeit verschiedene Texte zu jeweils einem Thema, z.B. zum Thema „Peter I.“, aus, und fordern Sie sie auf, die Texte still zu lesen, sich wichtige Informationen einzuprägen und sich ggf. dazu Notizen zu machen. Jeder „Journalist“ zieht (je nach Leistungsvermögen) bis zu drei Karten mit Stichwörtern zu dem in seiner Gruppe erörterten Thema, z.B. zu „Peter I.“, und bereitet dazu mündlich oder schriftlich Fragen an die „Experten“ vor.

3. Bitten Sie die „Journalisten“, ihre Fragen und Wünsche an die „Experten“ zu richten und sich zu deren Äußerungen Notizen zu machen. Mögliche Fragen nach Peter I.: Где Пётр провёл своё детство? Как прошло его детство? Сколько лет ему было, когда он стал царём? Когда он отправился в Западную Европу? Где он там был? Чем он занимался в Германии, Голландии и Англии? С какими учёными он встречался в это время? Какая у него была фигура? Опишите характер Петра Первого! Каким он был человеком? Что было построено по его инициативе? Какие реформы связаны с его именем? Почему его называют Петром Великим? Какую роль он играл в истории России? … .

4. Schlagen Sie vor, daß „Experten“ und „Journalisten“ in kleinen Gruppen jeweils gemeinsam zu dem von ihnen diskutierten Thema einen Artikel schreiben.

5. Geben Sie jeder Gruppe Gelegenheit, ihren Artikel vorzutragen und Fragen der Zuhörer zu beantworten.

83

NIVEAU: ✶ ✶ ✶ bis ✶ ✶ ✶ ✶

LERNZIELE: detailliertes Lesen, Leseerwartung ausbilden, Fortgang der Texthandlung diskutieren

MATERIAL: Arbeitsblatt 1 mit Textfragment, Arbeitsblatt 2 mit fehlendem Textteil

VORBEREITUNG:

Wählen Sie aus einer Textsammlung einen zum gerade behandelten Thema passenden Text mit einer möglichst spannenden und voraussehbaren Handlung aus, und übertragen Sie ihn bis zu der Stelle auf das Arbeitsblatt 1, an der die Handlung ihren Spannungshöhepunkt erreicht hat. Den noch fehlenden Teil schreiben Sie auf das Arbeitsblatt 2.

UNTERRICHTSVERLAUF:

1. Schreiben Sie die Überschrift des Lesetextes an die Tafel, lassen Sie sie still lesen, evtl. übersetzen und interpretieren. Regen Sie die Kursteilnehmer an, nur mit Hilfe der Überschrift (und/oder Illustrationen?) Vermutungen über den möglichen Textinhalt anzustellen. Interessante Leseerwartungen werden an der Tafel stichpunktartig festgehalten.

2. Alle Kursteilnehmer erhalten das Arbeitsblatt 1 mit dem ersten Teil des Lesetextes. Sie lesen ihn still und fassen die Abschnitte in Teilüberschriften zusammen.

3. Die gefundenen Teilüberschriften werden vorgelesen, diskutiert, und die jeweils gelungenste wird an die Tafel geschrieben.

4. Ergänzen Sie für die fehlenden Textabschnitte dazu passende Teilüberschriften, und lassen Sie die Kursteilnehmer auf der Grundlage eines solchen Redeplanes den Fortgang der Handlung in Sätzen ausformuliert oder stichpunktartig schriftlich darstellen. Geben Sie ihnen dafür ausreichend Zeit und bei Bedarf die erforderliche Hilfe.

5. Es werden mehrere Fassungen des vermutlichen Textschlusses entweder vorgelesen oder unter Verwertung der zusammengestellten Stichpunkte mündlich vorgetragen. Die Zuhörer machen sich dazu für die nachfolgende Diskussion Notizen.

6. Schwerpunkt der Diskussion kann z.B. die Frage sein, welche der dargebotenen Varianten des Textschlusses dem Original am nächsten kommt.

7. Verteilen Sie nun Arbeitsblatt 2 mit dem Schluß des Autorentextes. Lassen Sie ihn still lesen und die Diskussion mit abschließenden Meinungen der Kursteilnehmer zu ihren Textvarianten abschließen.

84

NIVEAU: ✶ ✶ ✶ bis ✶ ✶ ✶ ✶

LERNZIELE: Szenarium für einen Werbespot schreiben, in Szene setzen und mit der Videokamera aufnehmen

MATERIAL: Werbespots und -anzeigen, Videokamera, -recorder und Fernsehgerät, Wörterbücher

VORBEREITUNG:

1. Zeichnen Sie Werbespots möglichst in russischer, zumindest aber in deutscher Sprache auf.

2. Schneiden Sie Werbeanzeigen aus russischsprachigen Zeitschriften für Produkte aus, für die ein Werbespot erstellt werden soll.

UNTERRICHTSVERLAUF:

Erste Unterrichtsstunde

1. Interessieren Sie sich für die Meinung Ihrer Kursteilnehmer zum Werbefernsehen.

2. Bieten Sie mehrere aufgezeichnete Werbespots per Videotechnik dar, und lassen Sie die Kursteilnehmer darüber sprechen, für welches Produkt geworben wird, wie dafür das Interesse und die Kauflust der Zuschauer geweckt werden und wie ihnen der Werbespot gefällt.

3. Teilen Sie die Kursteilnehmer in Vierer- bis Sechsergruppen, übertragen Sie jeder Gruppe einen „Werbeauftrag“ für ein Produkt, das sich die „Werbefachleute“ unter mehreren Angeboten auswählen können. Es spricht nichts dagegen, wenn sich zwei Gruppen für dasselbe Produkt entscheiden. Jede Gruppe erhält die Aufgabe, das Szenarium für einen Werbespot zu verfassen. Stellen Sie dafür geeignete Werbeanzeigen zur Verfügung, die den Gruppen inhaltliche Anregungen und sprachliche Hilfen vermitteln.

4. Die Gruppen besprechen die Grundidee des zu gestaltenden Werbespots, einigen sich über die Rollenverteilung, die dafür erforderlichen Requisiten und legen die konkreten Aufgaben jedes Gruppenmitglieds bei der Ausarbeitung bzw. Beschaffung der entsprechenden Materialien fest.

Zweite Unterrichtsstunde

5. Geben Sie jeder Gruppe ausreichend Zeit, das „Drehbuch“, die Dekoration und die Requisiten zu entwerfen und zu diskutieren, den Werbetext einzustudieren, in Szene zu setzen und davon ein Video zu produzieren. Falls die Unterrichtszeit dafür nicht ausreicht, können die Arbeiten an dem Werbespot außerhalb des Unterrichts oder in der folgenden Stunde abgeschlossen werden.

Dritte Unterrichtsstunde

6. Die Gruppen stellen ihre Werbespots auf Videos gegenseitig zur Diskussion und äußern sich zu Inhalt und Gestaltung.

85

NIVEAU: ✶ ✶ ✶ bis ✶ ✶ ✶ ✶

LERNZIELE: Wortschatzwiederholung, Wohnhaustypen beschreiben, Vorzüge und Nachteile diskutieren

MATERIAL: Prospekte, Folie und Arbeitsblatt mit Wohnhaustypen, Wörterbücher

VORBEREITUNG:

1. Sammeln Sie Prospekte von Baufirmen, schneiden Sie daraus die Außenansichten und Grundrisse verschiedener Wohnhaustypen aus. Kleben Sie sie auf, und fügen Sie Angaben über Wohnfläche, Kaufpreis, Bauzeit u.ä. hinzu. Erstellen Sie daraus drei Arbeitsblätter mit einem jeweils unterschiedlichen Wohnhaustyp.

2. Kopieren Sie Außenansicht und Grundrisse eines Wohnhaustyps auf Folie. Schreiben Sie darunter zusätzliche Angaben über das Projekt.

UNTERRICHTSVERLAUF:

1. Wiederholen Sie den bekannten Wortschatz zum Thema „Hausbau". Zeigen Sie dazu eine Folie mit der Außenansicht und den Grundrissen eines Wohnhaustyps. Lassen Sie einzelne Teile des Hauses benennen und u.a. folgende Fragen beantworten: Как вам нравится этот дом? Что вам (очень/не) нравится в этом проекте? Какой это тип дома? Сколько помещений при этом доме? Как вам нравится планировка дома? Сколько квадратных метров составляет жилплощадь? Сколько стоит дом под ключ? Сколько времени продлится домостроение? Schreiben Sie neuen Wortschatz an die Tafel.

2. Erklären Sie den Kursteilnehmern, daß sie eine Familie bilden, die ein Haus bauen will, sich aber noch nicht für ein bestimmtes Projekt entschieden hat. Fassen Sie jeweils drei „Familienmitglieder" zu einer Gruppe zusammen. Verteilen Sie an jede Gruppe drei unterschiedliche Arbeitsblätter. Bitten Sie die Gruppenmitglieder, sich je eines davon auszuwählen, sich den entsprechenden Haustyp genau anzusehen, sich auf eine Vorstellung des betreffenden Projektes vorzubereiten, sich einen Redeplan zu erarbeiten, unbekannte Wörter und Wendungen zu erfragen oder im Wörterbuch nachzuschlagen.

3. Fordern Sie die Kursteilnehmer nacheinander dazu auf, den anderen Mitgliedern in der Gruppe ihr Projekt vorzustellen, dessen Vorzüge hervorzuheben und dafür zu werben, ohne jedoch schon Vergleiche zu anderen Projekten anzustellen.

4. Stellen Sie jeder Gruppe nun die Aufgabe, über die Vorzüge und Schwächen der drei Projekte zu diskutieren, sich für eines von ihnen zu entscheiden und diese Entscheidung zu begründen. Jedes Gruppenmitglied bekommt Gelegenheit, einen entsprechenden Vorschlag zu unterbreiten, Fragen dazu zu beantworten und sich zu den anderen Projekten zu äußern. Ein Gruppenmitglied kann abschließend das Ergebnis der Diskussion zusammenfassen.

86

NIVEAU: ∗ ∗ ∗ bis ∗ ∗ ∗ ∗

LERNZIELE: Stellenangebote detailliert lesen, Bewerbungen schreiben, Vorstellungsgespräche führen

MATERIAL: Arbeitsblatt mit Stellenangeboten, einem Muster für ein Bewerbungsschreiben und Fragen

VORBEREITUNG:

Sammeln Sie Stellenangebote aus russischsprachigen Zeitungen, und kopieren Sie diese auf ein Arbeitsblatt. Geben Sie unter den Texten in Fußnoten Semantisierungshilfen für unbekannte Schlüsselwörter. Bieten Sie auf dem Arbeitsblatt oder auf Folie das Muster eines Bewerbungsschreibens sowie einige Fragen aus einem Vorstellungsgespräch dar. Sie können auch auf die Kopiervorlage auf S. 124 zurückgreifen.

UNTERRICHTSVERLAUF:

1. Verteilen Sie die Arbeitsblätter. Lassen Sie die Kursteilnehmer die Stellenangebote detailliert lesen, unbekannte Wörter erfragen und sich für ein Stellenangebot entscheiden.

2. Bitten Sie die Kursteilnehmer, in Partnerarbeit unter der angegebenen Nummer anzurufen und zu sagen, daß sie sich für die betreffende Stelle interessieren. Sie sollen ihr Interesse nach Möglichkeit kurz begründen, die eigene Adresse hinterlassen und die des Arbeitgebers bzw. -vermittlers in Erfahrung bringen.

3. Veranlassen Sie die Kursteilnehmer, sich das Muster der Bewerbung auf dem Arbeitsblatt oder auf der Folie durchzulesen, unbekannte Wörter im Wörterbuch nachzuschlagen, die für eine eigene Bewerbung geeigneten Passagen zu markieren oder herauszuschreiben und sich auf eines der Stellenangebote schriftlich zu bewerben.

4. Erteilen Sie den Kursteilnehmern den Auftrag, sich auf ein Vorstellungsgespräch vorzubereiten und dazu die Fragen auf dem Arbeitsblatt bzw. auf der Folie zu beantworten. Lassen Sie nun benachbarte Kursteilnehmer ihre Bewerbungsschreiben austauschen und sich aus dieser Bewerbung ergebende Fragen für ein Vorstellungsgespräch notieren.

5. Lassen Sie die Lerner die Vorstellungsgespräche in Partnerarbeit wechselseitig führen. Zunächst sollte der „Bewerber“ Gelegenheit erhalten, sich kurz vorzustellen und seine Bewerbung zu begründen, bevor er dann auf die vorgegebenen und weitere Fragen des „Personalmanagers“ antwortet.

1. Биржа труда

Предложения вакантной работы

1. **Инженер химик-технолог** (25-25 л., в/о, нем. своб., опыт раб. в обл. полимерн. матер.), инженер-строитель(муж., в/о, англ. своб., опыт раб. в про- тект. организ.), ”Метрополис“, т.: 391-68-78, 915-46-15.

2. Начальник кредитного управления, от 1500 долл., начальник отдела международных расчетов, 1000-2000 долл., Холдинговая компания, т.: 159-37-25.

3. Страховые агенты (обуч. бесплатное, трудоустройство), АК ”Информстрах“, т.: 928-05-26, 928-43-39.

4. Секретарь-ассистент руководителя (машинопись, ПЭВМ, в/о экон., опыт в области финансов, до 35 л.), 1 млн. рубл. + 100% премия, менеджер-администратор (опыт организ. работы от 3 л.), от 800 тыс. руб. + 100% премия, общест- венная организация, т.: 929-33-33.

5. **Инженер -технолог по мясопереработке** (до 40 л., нем. своб., опыт раб.), специалист-фармацефт (в/о, нем. своб., опыт раб.), менеджер по закупкам (25-40 л., англ. своб.), ”Метрополис“, т.: 391-68-78, 915-46-15.

6. Зав. хозяйством, медсестра по физиотерапии, секретарь-машинистка, детский санаторий №62, т.: 494-14-18.

зав. - заведующий, ст. - станция, т. - телефон, ПЭВМ - персональная электронная вычислительная машина (персональный компьютер), раб. - работа, л. - лет, тыс. - тысяча, руб. - рубль, жен . - женщина, в/о - высшее образование, нем./англ. своб. - владеть свободно немецким/английским языком, обл. - область, полимерн. матер. - полимерные материалы, муж. - мужчина, долл. - доллар

2. Заявление о приёме на работу

Заявление

Прошу принять меня на работу в качестве инженера химика-технолога.

Мне 33 года. В 1984-ом году я окончил химический факультет Воронежского государственного университета. Во время учёбы я изучал немецкий язык и провёл трёхмесячную практику в Германии. Пять лет я работал на химическом заводе в Курской области. Затем провёл исследовательскую работу в области полимерных материалов.

Я интересуюсь Вашим предложением труда и был бы рад, если вы дали бы мне возможность представиться.

5/XI 1995 г. Иван П. Костиков

3. Вопросы, которые обычно задают на собеседовании при устройстве на работу

Почему вы подали заявление о приёме на работу? Какие предпосылки у вас есть для исполнения этой специальности? Есть ли у вас рекомендации? На каких курсах вы учились? Какими языками вы владеете свободно? Где вы сейчас работаете/раньше работали? Почему вы безработный? Как вы относитесь к повышению квалификации/ к трудностям, связанным с профессией?

© Ernst Klett Verlag für Wissen und Bildung GmbH, Stuttgart 1996. Alle Rechte vorbehalten. (Vervielfältigung zum Unterrichtsgebrauch gestattet)

87

NIVEAU: ✶✶✶✶

LERNZIELE: behaupten, begründen, abstreiten, diskutieren

MATERIAL: Fotos, Folie mit Wortschatzhilfen, Stichpunktzettel

VORBEREITUNG:

Stellen Sie Wortschatzhilfen und Satzstrukturen für die Beschreibung von Straftaten, z.B. ограбление банка со взломом, выключить устройство для объявления тревоги, открыть сейф силой, воспользоваться подделанными ключами и сварочной горелкой, захватить несколько тысяч долларов, два преступника, вывезти добычу на автомашине, воспользоваться Ладой, ... und für die Beweisaufnahme bei Gericht bereit, z.B. провести (домашний) обыск, найти доказательства, признаться в преступлении во время допроса, отрицать участвие в преступлении, отказаться от признания. / У меня алиби. В это время ... . Вы ошибаетесь, ... Этого не может быть, ... Извините, я забыл/а ... . Вот как! Что вы говорите! Есть свидетель, который ..., ваша честь. Я стал/а жертвой ошибки. Должно быть, свидетель перепутал меня с кем-то. Я не помню. Это только голословные утверждения, которые вы не можете доказать. Я отказываюсь говорить об этом. ...

UNTERRICHTSVERLAUF:

1. Unterhalten Sie sich als Einstieg in diese Thematik mit den Kursteilnehmern über Erfahrungen mit Gerichten. Mögliche Fragen: Почему у нас происходит так много преступлений? Вы уже имели дело с судом? По какому делу? Вы были свидетелем, жалобщиком, обвиняемым или подсудимым в суде?

2. Machen Sie den Kursteilnehmern den Vorschlag, verschiedene Rollen bei einer Beweisaufnahme (судебное следствие) zu übernehmen. Informieren Sie möglichst unter Einbeziehung von Fotos über den Stand der Ermittlungen der zu verhandelnden Straftat, z.B. Первого мая в 5 часов утра два человека совершили кражу со взломом в банке на улице Крылова. Они выключили устройство для объявления тревоги и открыли сейф силой. Преступники воспользовались подделанными ключами и сварочной горелкой. Они захватили 42 500 долларов.

3. Bilden Sie Fünfergruppen aus einem Richter (судья), Staatsanwalt (прокуратор), Zeugen der Anklage (свидетель обвинения) und zwei Beschuldigten. Geben Sie allen Gelegenheit, sich auf ihre Rollen vorzubereiten. So können z.B. „Staatsanwalt" und „Zeuge" ihr Vorgehen sowie beide Beschuldigte ihr Alibi abstimmen und sich dabei auf Stichpunkte wie Ort, Zeit, Tätigkeit, Augenzeugen, Detailbeobachtungen stützen.

4. Der „Richter" eröffnet die Beweisaufnahme und stellt die Beteiligten vor. Der „Staatsanwalt" verhört beide Beschuldigte getrennt voneinander und befragt den Zeugen, was und wen er gesehen hat, und läßt sich eine detaillierte Personenbeschreibung geben. Bei widersprüchlichen Aussagen kann eine Personengegenüberstellung oder ein Kreuzverhör erfolgen. Danach faßt der „Richter" das Ergebnis der Beweisaufnahme zusammen und verkündet das Urteil „виновный" oder „невиновный" (в + Präp.).

88

NIVEAU: ✶✶✶✶

LERNZIELE: detailliertes Hören, Nachrichten rekonstruieren und diskutieren

MATERIAL: Kassettenaufnahme einer russischsprachigen Nachrichtensendung, Recorder

VORBEREITUNG:

Zeichnen Sie von Radio Moskau mehrere Nachrichtensendungen auf, wählen Sie daraus 8 bis 10 Nachrichten aus, die dem Könnensniveau der Kursteilnehmer und der aktuellen Unterrichtsthematik entsprechen, und überspielen Sie diese auf eine Tonbandkassette.

UNTERRICHTSVERLAUF:

1. Bieten Sie die überspielten Nachrichten des Moskauer Rundfunks ein- oder zweimal dar, und lassen Sie von den Zuhörern die Themen notieren. Bei Kursteilnehmern, die im Hören russischsprachiger Nachrichtensendungen noch wenig geübt sind, empfiehlt es sich, nach jeder Nachricht eine Pause für das Formulieren und Niederschreiben des Themas einzulegen.

2. Bitten Sie zu jeder Nachricht um Vorschläge für Themenformulierungen. Die jeweils treffendste wird an die Tafel geschrieben.

3. Teilen Sie jeweils zwei bis drei Lernenden einen gemeinsamen Themenschwerpunkt aus den Nachrichten zu. Kursteilnehmer mit gleichem Nachrichtenthema setzen sich zusammen.

4. Spielen Sie die 8 bis 10 Nachrichten ein weiteres Mal (bei Bedarf auch öfter) vor, nun jedoch ohne Unterbrechung. Fordern Sie die Zuhörer auf, sich voll auf ihre Nachricht zu konzentrieren und sich dazu Notizen zu machen.

5. Die Notizen werden in den Gruppen vorgelesen, miteinander verglichen, nötigenfalls ergänzt und für die Rekonstruktion der gehörten Nachricht verwendet. Die Nachricht wird gemeinsam formuliert.

6. Die rekonstruierten Nachrichten werden im Plenum in gleicher Reihenfolge wie auf dem Kassettentonband vorgestellt. Jeweils ein Sprecher aus jeder Gruppe verliest den erarbeiteten Nachrichtentext. Danach hören die Kursteilnehmer die Originalfassung und vergleichen beide Textversionen miteinander.

7. Nachrichten, die zum Meinungsaustausch herausfordern, werden ein letztes Mal vorgespielt und diskutiert.

REGISTER

Die Zahlen beziehen sich auf die Nummer der jeweiligen Übung.